소요리문답 16주 완성

소요리문답 16주 완성

찍은 날 2018년 9월 1일
1쇄 찍은날 2018년 9월 10일
4쇄 찍은날 2025년10월 27일
지 은 이 김태희
펴 낸 이 장상태
펴 낸 곳 디다스코
　　　　　서울시 서초구 서초동 1355-3 서초월드오피스텔 1605호
전　　화 02-6415-6800
팩　　스 02- 523-0640
이 메 일 is6800@naver.com

등　　록 2007년 4월 19일
신 고 번 호 제2007-000076호
Copyright@디다스코

ISBN 979-11-956561-8-9 (93230)
값은 표지에 있습니다.

소요리문답 16주 완성

디다스코

저자 서문

일 년 전 출판사로부터 한 통의 전화를 받았습니다. 소요리문답 교재가 많이 있지만 짧은 기간에 효율적으로 소요리문답을 공부할 수 있는 교재가 있으면 좋겠다는 의견이었습니다. 이미 출간된 소요리문답 교재들도 충분히 훌륭하지만, 세례자 교육이나, 직분자 교육 등에 사용하기에는 분량과 해설이 많다는 것이었습니다. 이런 기획 의도에 따라 집필은 시작되었습니다.

이 책은 모임의 시간이 제한된 경우에 사용하도록 특화되어 있습니다. 세례를 앞둔 분들을 위한 예비신자 교육이나, 임직을 앞둔 분들을 위한 직분자 교육 또는 교회학교의 엠티나 수련회에서 사용하기 편리하도록 구성되었습니다. 그래서 모든 것을 담기보다는 핵심을 담으려했고, 특히 소요리문답의 장점 중 하나인 '논리적인 복음'을 보여주는데 집중했습니다.

물론 이런 목표를 작은 책 한 권에 담아내기란 쉽지 않았습니다. 저술 요청을 받은 날부터 탈고 후 서문을 쓰는 날까지 장장 일 년이란 시간이 흘렀습니다. 그 동안 시중에 있는 거의 모든 소요리문답 교재와 교리 해설서들을 꼼꼼히 분석했습니다. 핵심을 담기 위해서는 전체를 알아야 했기 때문입니다. 장상태 대표님의 요청에 따라 열 번 가까이 원고를 보완하는 작업을 했고, 몇 차례 전체 구성이 바뀌었을 때는 전면적으로 내용을 수정하기도 했습니다. 어려웠지만 덕분에 상당히 만족스런 교재가 될 수 있었습니다. 그런 점에서 이 책은 장상태 대표님과의 공동 저술이라 해도 과언이 아닐 것입니다.

본문 해설을 위해서 다음의 책을 참고했습니다. 황희상 선생님의 "특강 소요리문답(상,하)", 정요석 교수님의 "소요리문답, 삶을 읽다(상,하)", 김은수 교수님의 "개혁주의 신앙의 기초(Ⅰ,Ⅱ,Ⅲ)", 토마스 빈센트 목사님의 "성경소요리문답 해설", G. I. 윌리암슨 교수님의 "웨스트민스터 소요리문답 강해"를 주로 참고했고, 자세한 교리적 설명이 필요한 부분은 루이스 벌코프 교수님의 "벌코프 조직신학", 유해무 교수님의 "개혁교의학"을 참고했습니다. 소요리문답 구조에 대한 부분은 김진홍 목사님의 "오직 하나님의 메시지만 선포하라"를 참고했고, 성례에 대한 해설은 이성호 교수님의 "성찬, 천국잔치 맛보기"를 참고했고, 십계명에 대한 해설은 손재익 목사님의 "십계명 언약의 10가지 말씀"에서 많은 도움을 받았습니다. 그런 점에서 이 교재는 지금까지 거론한 책들의 부산물에 불과합니다. 이 교재는 소요리문답을 공부하는 첫걸음으로만 사용하시고 앞에서 거론한 책들을 통해 더 깊은 개혁신학의 세계로 들어가시기를 부탁드립니다.

공교회의 종. 김태희 목사 올림

출판사 서문

"시끌벅적 소요리문답 가정예배"의 저자 김태희 목사님은 소요리문답을 가정에서 세 아이에게 오랫동안 가르쳐 온 분입니다. 소요리문답에 관한 이론과 실천을 겸비한 저자입니다. 이 책이 출간되기 약 일 년 전 디다스코 출판사에서 김목사님께 본서의 원고를 의뢰하였습니다. "소요리문답 16주 완성"이라는 원고였습니다.

이 책을 기획한 의도는 짧은 시간에 소요리문답의 핵심을 가르치고 배우는데 있습니다. 소요리문답은 세례를 받기 전이나, 직분자 교육 등에서 필수입니다. 신앙교육에 꼭 필요한 내용이지만, 문제는 107문에 이르는 많은 내용의 소요리문답을 16주 정도의 시간에 담아 내는 일이었습니다. 짧은 내용으로 논리적인 흐름을 갖추며 핵심을 담는 일이 쉽지 않았습니다. 출판사와 저자는 일 년의 기간 동안 열 번 넘게 내용 교정과 전체 기획을 수정해 가면서 원고를 함께 다듬었습니다. 출판사의 무리한 요청이 많았지만 김목사님의 인내와 수고로 원고를 완성할 수 있게 되었습니다.

이 책의 구성은 107문의 소요리문답을 16주(4개월) 동안 배울 수 있도록 16개의 단위로 나누었습니다. 한 주 분량에는 대략 5-8개의 문답이 있습니다. 한 주 분량은 이렇게 구성됩니다. 1. 서론, 2. 소요리문답 구조, 3. 소요리문답 본문, 4. 소요리문답 핵심 해설, 5. 핵심 정리, 6. 근거 구절. 이렇게 6개 카테고리로 나누어져 있습니다. 한 주 분량은 1시간 정도 안에 공부할 수 있도록 구성했습니다. 특히, "4. 소요리문답 핵심 해설"은 짧은 설명이지만, 각 문답이 어떻게 서로 논리적인 연관성을 가지는지 염두해 두고 해설했습니다. "6. 근거 구절"은 문답의 근거가 되는 성경구절을 인용했습니다. 소요리문답을 설명하는 성경구절들이 많지만, 모두 인용하지는 않았고, 가장 적절한 근거구절이 될 수 있는 성경만 인용했습니다. 소요리문답 번역문은 성약출판사의 허락 하에 독립개신교회 교육위원회에서 번역한 소요리문답 번역문을 사용했습니다. 관련 성경 구절은 개역한글판을 사용했습니다.

이 책은 소요리문답의 중요한 핵심을 전달하기 위해 노력한 결과입니다. 부족한 출판사가 만든 책을 통해서 한국교회가 건강한 신앙과 말씀 위에 서기를 바라며, 그동안 수고하신 저자 김태희 목사님께 큰 감사의 인사를 드립니다.

디다스코 섬김이 장상태 올림

저자 서문 … 5
출판사 서문 … 7

1주차	제1–6문 인생의 목적이신 하나님	011
2주차	제7–12문 하나님의 작정과 섭리	025
3주차	제13–19문 인간의 죄와 타락	037
4주차	제20–28문 그리스도의 구속 사역	049
5주차	제29–33문 성령의 적용 사역(1)	067
6주차	제34–38문 성령의 적용 사역(2)	079
7주차	제39–44문 도덕법	091
8주차	제45–52문 1–2계명	101
9주차	제53–62문 3–4계명	115
10주차	제63–69문 5–6계명	133
11주차	제70–75문 7–8계명	145
12주차	제76–81문 9–10계명	155
13주차	제82–90문 은혜의 방편	165
14주차	제91–97문 세례와 성찬	181
15주차	제98–102문 주기도문(1)	195
16주차	제103–107문 주기도문(2)	207

1주차

제1-6문 인생의 목적이신 하나님

1. 서론

1-3문답은 소요리문답 전체의 서문입니다. 1문답에서는 인생의 목적에 대해서 설명하고, 2문답에서는 인생의 목적을 이루는 방법으로 성경을 소개하며, 3문답에서는 그 성경이 무엇을 말하는지를 설명합니다. 그리고 4문답부터 성경의 핵심 내용을 설명하는데, 4-6문의 주제는 "하나님은 어떤 분이신가?"입니다.

2. 구조

서문(1-3문답)	하나님에 대하여 믿을 것은 무엇인가?(4-38문)	하나님은 어떤 분인가?(4-6문)
		하나님께서 하신 일은 무엇인가?(7-38문)
	하나님께서 사람에게 요구하시는 본분은 무엇인가?(39-107문)	

3. 소요리문답

1문 : 사람의 제일 되는 목적이 무엇입니까?
 답 : 사람의 제일 되는 목적은 하나님을 영화롭게 하고, 하나님을 영원토록 즐거워하는 것입니다.

2문 : 하나님을 영화롭게 하고 즐거워하는 것을 지도하시려고 하나님께서 우리에게 주신 준칙(準則)은 무엇입니까?
 답 : 하나님을 영화롭게 하고 즐거워하는 것을 지도하시려고 하나님께서 우리에게 주신 유일한 준칙은 구약과 신약 성경에 기록된 하나님의 말씀입니다.

3문 : 성경이 가장 중요하게 가르치는 것이 무엇입니까?
 답 : 성경이 가장 중요하게 가르치는 것은 사람이 하나님에 대하여 믿을 것은 무엇이며, 하나님께서 사람에게 요구하시는 본분은 무엇인가 하는 것입니다.

4문 : 하나님은 어떤 분이십니까?

  답 : 하나님은 신이십니다. 그분의 존재와 지혜와 권능과 거룩하심과 의로우심과 선하심과 인자하심과 진실하심은 무한하시며 무궁하시며 불변하십니다.

5문 : 하나님 한 분 외에 다른 하나님이 있습니까?

  답 : 오직 한 분 하나님, 살아 계시고 참되신 하나님만 계십니다.

6문 : 하나님의 신격(神格)에는 몇 위(位)가 계십니까?

  답 : 하나님의 신격에는 성부, 성자, 성령, 삼위가 계십니다. 이 삼위는 한 하나님이며, 본질이 동일하시고 권능과 영광이 동등하십니다.

4. 핵심 해설

1문답 : 사람의 제일 되는 목적이 무엇입니까? 사람의 제일 되는 목적은 하나님을 영화롭게 하고, 하나님을 영원토록 즐거워하는 것입니다.

볼펜은 무언가를 쓰거나 그리기 위해 존재합니다. 전등은 어둠을 밝히기 위해 존재합니다. 이처럼 세상 모든 것들은 저마다 존재하는 목적이 있습니다. 그렇다면 우리가 존재하는 목적은 무엇일까요? 고린도전서 10:31은 "그런즉 너희가 먹든지 마시든지 무엇을 하든지 다 하나님의 영광을 위하여 하라."라고 말합니다. "하나님의 영광" 바로 이것이 우리가 존재하는 목적입니다. 이것은 하나님을 영광스럽게 만들어야 한다는 뜻이 아닙니다. 하나님은 이미 영광스러우시기 때문입니다. "하나님을 영화롭게" 한다는 것은, 하나님의 영광을 비추어 내는 거울이 된다는 뜻입니다.

2문답 : 하나님을 영화롭게 하고 즐거워하는 것을 지도하시려고 하나님께서 우리에게 주신 준칙(準則)은 무엇입니까? 하나님을 영화롭게 하고 즐거워하는 것을 지도하시려고 하나님께서 우리에게 주신 유일한 준칙은 구약과 신약 성경에 기록된 하나님의 말씀입니다.

하나님을 영화롭게 하는 것이 사람의 제일 되는 목적이지만, 사람은 그 방법을 스스로 알아낼 수 없습니다. 타락한 본성 때문입니다. 방법은 단 하나, 하나님께서 직접 자신을 알려주시는 것입니다. 바로 이것을 '계시'라고 합니다. 하나님의 계시에는 '일반계시'와 '특별계시'가 있습니다. 일반계시란 하나님께서 자연만물을 통해 간접적으로 자기를 알리는 것이고, 특별계시란 하나님께서 직접 임재하거나 말씀하셔서 직접적으로 자기를 알리는 것입니다. 그런데 자연계시 만으로 하나님을 영화롭게 할 수 없습니다. 자연만물만 보아서는 우리가 죄인인 것과, 어떻게 구원에 이르는지를 알 수 없기 때문입니다. 그래서 특별계시인 성경이 필요합니다. 성경은 기록된 하나님의 말씀으로 신앙과 삶의 최종적 권위입니다. 성경은 약 1,500년 동안 40여명의 저자에 의해 기록되었으나, 하나님의 성령께서 그들에게 영향을 미치셨으므로(성령의 영감), 정확하고 오류가 없는 하나님의 말씀입니다.(벧후1:21)

	종류	기능
일반계시	하나님의 창조세계, 사람의 양심, 역사 속에 나타난 하나님의 섭리	일반계시만으로 구원에 이르는 참 지식을 가질 수 없다. 하지만 일반계시를 통해 하나님이 참되게 계시되었으므로 아무도 하나님을 부인한 것을 평계할 수 없다.(롬1:18-20)
특별계시	구속 역사 속에 나타난 기적들, 신구약 성경, 예수 그리스도	특별계시는 고유한 목적이 있다. 예수 그리스도를 통해 구원을 깨닫게 하는 것이다.(요5:39) 특별계시는 구속 역사에서 점진적으로, 그리고 점차 분명하게 계시되있다.

3문답 : 성경이 가장 중요하게 가르치는 것이 무엇입니까? 성경이 가장 중요하게 가르치는 것은 사람이 하나님에 대하여 믿을 것은 무엇이며, 하나님께서 사람에게 요구하시는 본분은 무엇인가 하는 것입니다.

성경은 가장 중요한 책이지만, 모든 것을 설명하는 책은 아닙니다. 예를 들어 과학적 원리와 의학적 지식에 관한 것은 성경이 중요하게 다루는 주제가 아닙니다. 성경이 주로 가르치는 것은 크게 두 가지입니다. 하나는 "우리가 믿어야 하는 하나님은 어떤 분인가?" 하는 것이고, 또 다른 하나는 "그렇다면 우리는 어떻게 살아야 하는가?" 하는 것입니다.

성경이 가장 중요하게 가르치는 것은 무엇인가?	1. 하나님에 대하여 믿을 것은 무엇인가?	이것을 복음이라 한다. (4-38문)
	2. 하나님께서 사람에게 요구하시는 본분은 무엇인가?	이것을 율법이라 한다. (39-107문)

4문답 : 하나님은 어떤 분이십니까? 하나님은 신이십니다. 그분의 존재와 지혜와 권능과 거룩하심과 의로우심과 선하심과 인자하심과 진실하심은 무한하시며 무궁하시며 불변하십니다.

성경은 '영'이신 하나님에 대해 말합니다.(요4:24) 하나님이 영혼이라는 의미가 아닙니다. 몸을 가진 모든 만물과 구별되신다는 뜻입니다. 그래서 교리문답은 이 말씀을 "하나님은 신이십니다."로 번역합니다. 우리는 "하나님은 영"이라는 말씀의 정확한 의미를 알 수 없습니다. 그것은 신비에 속한 영역입니다. 하지만 하나님과 사람을 비교, 대조함으로써 그 뜻을 추론할 수 있습니다. 소요리문답은 하나님과 사람에게서 공통적으로 발견할 수 있는 '공유적 속성'과 하나님에게서만 발견할 수 있는 '비공유적 속성'을 구분합니다. 예를 들어 사람에게도 지혜가 있습니다. 하지만 하나님의 지혜는 무한하고, 무궁하며, 불변하는 반면, 사람의 지혜는 일시적이고, 부족하고, 변합니다.

구분	공유적 속성	비공유적 속성
하나님의	존재와 지혜와 권능과 거룩하심과 의로우심과 진실하심은	무한하시다.
		영원하시다.
		불변하시다.
사람의		일시적이다.
		부족하다.
		변한다.

5문답 : 하나님 한 분 외에 다른 하나님이 있습니까? 오직 한 분 하나님, 살아 계시고 참되신 하나님만 계십니다.

세상 모든 것들은 유한하며, 부족하고, 변합니다. 생명의 근원을 스스로 가지고 있지 않은 피조물입니다. 하지만 하나님은 무한하며, 무궁하고, 불변합니다. 생명의 근원을 스스로 가지고 계신 창조주이시기 때문입니다. 그러므로 하나님 외 모든 신들은, 참된 신이 아닙니다. 그들은 사람이 만든 피조물일 뿐, 영원 전부터 불변하게 존재하지 않았기 때문입니다. 심지어 그들은 나무와 돌처럼 유한하고, 부족하고, 변하는 것으로 만들어져 있습니다. 참된 신이라면 그런 것에 자신을 의탁하지 않을 것입니다.

6문답 : 하나님의 신격(神格)에는 몇 위(位)가 계십니까? 하나님의 신격에는 성부, 성자, 성령, 삼위가 계십니다. 이 삼위는 한 하나님이며, 본질이 동일하시고 권능과 영광이 동등하십니다.

하나님은 한 분이십니다. 이것을 '하나님의 단수성'이라고 합니다. 한 분이신 하나님은 성부, 성자, 성령, 삼위로 존재하십니다. 이것을 '하나님의 복수성'이라고 합니다. 간단하게 말하면 하나님이라는 한 본질 안에, 구분되는 세 개의 위격이 존재합니다. 이것이 삼위일체 교리입니다. 여기서 '위'라는 단어는 하나님의 신성을 표현하기 위해 신중하게 선택한 단어로서 독립된 인격체를 뜻합니다. 그러면 그냥 간단하게 하나님이 세 분이라고 하면 되지 않을까요? 실제로 그렇게 '삼신론'을 주장한 사람들이 있었지만, 그것은 하나님의 단수성을 훼손합니다. 그러면 그냥 한 분이라고 하는 것은요? 그것은 하나님의 복수성을 훼손합니다. 이해하기 쉽지 않겠지만, 이렇게 나누어 생각하시면 좋겠습니다. 첫째, 유일하신 삼위일체 하나님이 존재하시는데, 곧 성부 하나님, 성자 하나님, 성령 하나님이십니다. 둘째, 성부 하나님, 성자 하나님, 성령 하나님은 구별된 위격이십니다. 셋째, 성부 하나님, 성자 하나님, 성령 하나님은 신적인 본질에 있어서 완전히 동일하십니다.

5. 핵심 정리

1문 : 우리는 하나님의 영광을 위해 존재합니다.
2문 : 하나님을 영화롭게 하는 방법은 오직 성경에서만 찾을 수 있습니다.
3문 : 성경의 주제는 하나님에 대해 믿어야 할 것과, 하나님께서 사람에게 요구하시는 의무입니다.
4문 : 하나님은 무한하고 영원하며 불변하는, 영이십니다.
5문 : 이러한 하나님은 한 분 밖에 없습니다.
6문 : 한 분이신 하나님은 삼위(三位, three persons)로 존재하십니다.

6. 근거 구절

1문 : 사람의 제일 되는 목적은 하나님을 영화롭게 하고
   사 43:21 이 백성은 내가 나를 위하여 지었나니 나의 찬송을 부르게 하려 함이니라

고전 10:31 그런즉 너희가 먹든지 마시든지 무엇을 하든지 다 하나님의 영광을 위하여 하라.

계 4:11 우리 주 하나님이여 영광과 존귀와 능력을 받으시는 것이 합당하오니 주께서 만물을 지으신지라. 만물이 주의 뜻대로 있었고 또 지으심을 받았나이다 하더라.

하나님을 영원토록 즐거워하는 것입니다.

시 73:24-26 주의 교훈으로 나를 인도하시고 후에는 영광으로 나를 영접하시리니 ²⁵하늘에서는 주 외에 누가 내게 있으리오. 땅에서는 주 밖에 나의 사모할 자 없나이다. ²⁶내 육체와 마음은 쇠잔하나 하나님은 내 마음의 반석이시요 영원한 분깃이시라.

빌 4:4 주 안에서 항상 기뻐하라. 내가 다시 말하노니 기뻐하라.

2문 : 하나님을 영화롭게 하고 즐거워하는 것을 지도하시려고 하나님께서 우리에게 주신 유일한 준칙은 구약과 신약 성경에 기록된 하나님의 말씀입니다.

신 4:2 내가 너희에게 명하는 말을 너희는 가감하지 말고 내가 너희에게 명하는 너희 하나님 여호와의 명령을 지키라.

요 20:30-31 예수께서 제자들 앞에서 이 책에 기록되지 아니한 다른 표적도 많이 행하셨으나 ³¹오직 이것을 기록함은 너희로 예수께서 하나님의 아들 그리스도이심을 믿게 하려 함이요 또 너희로 믿고 그 이름을 힘입어 생명을 얻게 하려 함이니라.

딤후 3:15-17 또 네가 어려서부터 성경을 알았나니 성경은 능히 너로 하여금 그리스도 예수 안에 있는 믿음으로 말미암아 구원에 이르는 지혜가 있게 하느니라. ¹⁶모든 성경은 하나님의 감동으로 된 것으로 교훈과 책망과 바르게 함과 의로 교육하기에 유익하니 ¹⁷이는 하나님의 사람으로 온전케 하며 모든 선한 일을 행하기에 온전케 하려 함이니라.

3문: 성경이 가장 중요하게 가르치는 것은 사람이 하나님에 대하여 믿을 것은 무엇이며,
요 5:39 너희가 성경에서 영생을 얻는 줄 생각하고 성경을 상고하거니와 이 성경이 곧 내게 대하여 증거하는 것이로다.

하나님께서 사람에게 요구하시는 본분은 무엇인가 하는 것입니다.
신 10:12-13 이스라엘아 네 하나님 여호와께서 네게 요구하시는 것이 무엇이냐? 곧 네 하나님 여호와를 경외하여 그 모든 도를 행하고 그를 사랑하며 마음을 다하고 성품을 다하여 네 하나님 여호와를 섬기고 [13]내가 오늘날 네 행복을 위하여 네게 명하는 여호와의 명령과 규례를 지킬 것이 아니냐.
딤후 3:16-17 모든 성경은 하나님의 감동으로 된 것으로 교훈과 책망과 바르게 함과 의로 교육하기에 유익하니 [17]이는 하나님의 사람으로 온전케 하며 모든 선한 일을 행하기에 온전케 하려 함이니라.

4문: 하나님은 신이십니다.
요 4:24 하나님은 영이시니 예배하는 자가 신령과 진정으로 예배할지니라.

그분의 존재와
출 3:14 하나님이 모세에게 이르시되 나는 스스로 있는 자니라. 또 이르시되 너는 이스라엘 자손에게 이같이 이르기를 스스로 있는 자가 나를 너희에게 보내셨다 하라.

지혜와
시 104:24 여호와여 주의 하신 일이 어찌 그리 많은지요. 주께서 지혜로 저희를 다 지으셨으니 주의 부요가 땅에 가득하니이다.
시 147:5 우리 주는 광대하시며 능력이 많으시며 그 지혜가 무궁하시도다.

권능과

창 17:1 아브람의 구십구 세 때에 여호와께서 아브람에게 나타나서 그에게 이르시되 나는 전능한 하나님이라. 너는 내 앞에서 행하여 완전하라.
마 19:26 예수께서 저희를 보시며 가라사대 사람으로는 할 수 없으되 하나님으로서는 다 할 수 있느니라.

거룩하심과

사 6:3 서로 창화하여 가로되 거룩하다 거룩하다 거룩하다 만군의 여호와여 그 영광이 온 땅에 충만하도다.
벧전 1:15-16 오직 너희를 부르신 거룩한 자처럼 너희도 모든 행실에 거룩한 자가 되라. ¹⁶기록하였으되 내가 거룩하니 너희도 거룩할지어다 하셨느니라.

의로우심과

출 34:6-7 여호와께서 그의 앞으로 지나시며 반포하시되 여호와로라 여호와로라. 자비롭고 은혜롭고 노하기를 더디 하고 인자와 진실이 많은 하나님이로라. ⁷인자를 천 대까지 베풀며 악과 과실과 죄를 용서하나 형벌받을 자는 결단코 면죄하지 않고 아비의 악을 자여손 삼사 대까지 보응하리라.
롬 3:5, 26 그러나 우리 불의가 하나님의 의를 드러나게 하면 무슨 말 하리오? 내가 사람의 말하는 대로 말하노니 진노를 내리시는 하나님이 불의하시냐? ²⁶곧 이때에 자기의 의로우심을 나타내사 자기도 의로우시며 또한 예수 믿는 자를 의롭다 하려 하심이니라.

선하심과

시 100:5 대저 여호와는 선하시니 그 인자하심이 영원하고 그 성실하심이 대대로 미치리로다.

인자하심과
롬 2:4 혹 네가 하나님의 인자하심이 너를 인도하여 회개케 하심을 알지 못하여 그의 인자하심과 용납하심과 길이 참으심의 풍성함을 멸시하느뇨?

진실하심은
히 6:18 이는 하나님이 거짓말을 하실 수 없는 이 두 가지 변치 못할 사실을 인하여 앞에 있는 소망을 얻으려고 피하여 가는 우리로 큰 안위를 받게 하려 하심이라.

무한하시며
시 139:7-10 내가 주의 신을 떠나 어디로 가며 주의 앞에서 어디로 피하리이까? [8]내가 하늘에 올라갈지라도 거기 계시며 음부에 내 자리를 펼지라도 거기 계시니이다. [9]내가 새벽 날개를 치며 바다 끝에 가서 거할지라도 [10]곧 거기서도 주의 손이 나를 인도하시며 주의 오른손이 나를 붙드시리이다.
렘 23:24 나 여호와가 말하노라. 사람이 내게 보이지 아니하려고 누가 자기를 은밀한 곳에 숨길 수 있겠느냐? 나 여호와가 말하노라. 나는 천지에 충만하지 아니하냐?

무궁하시며
시 90:2 산이 생기기 전, 땅과 세계도 주께서 조성하시기 전 곧 영원부터 영원까지 주는 하나님이시니이다.

불변하십니다.
말 3:6 나 여호와는 변역지 아니하나니 그러므로 야곱의 자손들아 너희가 소멸되지 아니하느니라.
히 13:8 예수 그리스도는 어제나 오늘이나 영원토록 동일하시니라.

5문: 오직 한 분 하나님.

신 6:4 이스라엘아 들으라. 우리 하나님 여호와는 오직 하나인 여호와시니.

고전 8:4-6 그러므로 우상의 제물 먹는 일에 대하여는 우리가 우상은 세상에 아무 것도 아니며 또한 하나님은 한 분밖에 없는 줄 아노라. ⁵비록 하늘에나 땅에나 신이라 칭하는 자가 있어 많은 신과 많은 주가 있으나 ⁶그러나 우리에게는 한 하나님 곧 아버지가 계시니 만물이 그에게서 났고 우리도 그를 위하며 또한 한 주 예수 그리스도께서 계시니 만물이 그로 말미암고 우리도 그로 말미암았느니라.

살아 계시고 참되신 하나님만 계십니다.

렘 10:10 오직 여호와는 참하나님이시요 사시는 하나님이시요 영원한 왕이시라. 그 진노하심에 땅이 진동하며 그 분노하심을 열방이 능히 당치 못하느니라.

6문: 하나님의 신격에는 성부, 성자, 성령, 삼위가 계십니다.

마 3:16-17 예수께서 세례를 받으시고 곧 물에서 올라오실새 하늘이 열리고 하나님의 성령이 비둘기같이 내려 자기 위에 임하심을 보시더니 ¹⁷하늘로서 소리가 있어 말씀하시되 이는 내 사랑하는 아들이요 내 기뻐하는 자라 하시니라.

마 28:19 그러므로 너희는 가서 모든 족속으로 제자를 삼아 아버지와 아들과 성령의 이름으로 세례를 주고.

이 삼위는 한 하나님이며, 본질이 동일하시고 권능과 영광이 동능하십니다.

요 10:30 나와 아버지는 하나이니라 하신대

행 5:3-4 베드로가 가로되 아나니아야 어찌하여 사단이 네 마음에 가득하여 네가 성령을 속이고 땅 값 얼마를 감추었느냐? ⁴땅이 그대로 있을 때에는 네 땅이 아니며 판 후에도 네 임의로 할 수가 없더냐? 어찌하여

이 일을 네 마음에 두었느냐? 사람에게 거짓말한 것이 아니요 하나님께 로다.

2주차

제7-12문 하나님의 작정과 섭리

1. 서론

7-12문은 "하나님께서 하신 일은 무엇인가?"입니다. 주목할 부분은 소요리문답이 하나님께서 하신 일을 설명함에 있어서 '창조'가 아니라 '작정'부터 시작한다는 점입니다. 그 이유는 창조가 작정을 실행하기 위한 도구라는 사실을 강조하는데 있습니다.

2. 구조

하나님에 대하여 믿을 것은 무엇인가? (4-38문)	하나님은 어떤 분인가?(4-6문)	
	하나님께서 하신 일은 무엇인가?(7-38문)	하나님의 작정과 섭리(7-12문)
		인간의 죄와 타락(13-19문)
		성부의 예정 사역(20문)
		그리스도의 구속 사역(21-28문)
		성령의 적용 사역(29-38문)
하나님께서 사람에게 요구하시는 본분은 무엇인가?(39-107문)		

3. 소요리문답

7문 : 하나님의 작정(作定)이 무엇입니까?
 답 : 하나님의 작정은 그분의 뜻대로 계획하신 영원한 목적입니다. 그 목적을 따라서, 하나님께서는 일어나는 모든 일을 자기의 영광을 위하여 미리 정하셨습니다.

8문 : 하나님께서 그분의 작정을 어떻게 이루십니까?
 답 : 하나님께서는 그분의 작정을 창조와 섭리의 일로써 이루십니다.

9문 : 하나님께서 창조하신 일이 무엇입니까?
답 : 하나님께서 창조하신 일은 엿새 동안에 아무것도 없는 중에서 그분의 능력 있는 말씀으로 만물을 지으신 것인데, 하나님의 보시기에 모든 것이 매우 좋았습니다.

10문 : 하나님께서 사람을 어떻게 지으셨습니까?
답 : 하나님께서는 사람을 남자와 여자로 지으시되 자기의 형상대로 지식과 의와 거룩함으로 창조하시어 피조물을 다스리게 하셨습니다.

11문 : 하나님께서 섭리하시는 일이 무엇입니까?
답 : 하나님께서 섭리하시는 일은 모든 피조물과 그 모든 활동을 가장 거룩하고 지혜롭고 능력 있게 보존하시며 통치하시는 것입니다.

12문 : 사람이 창조받은 지위에 있을 때에 하나님께서 그에게 행하신 특별한 섭리는 무엇입니까?
답 : 하나님께서 사람을 창조하신 후에 완전한 순종을 조건으로 생명 언약을 맺으시고, 선악을 알게 하는 나무의 열매 먹는 것을 사망의 벌로써 금하셨습니다.

4. 핵심 해설

7문답 : 하나님의 작정(作定)이 무엇입니까? 하나님의 작정은 그분의 뜻대로 계획하신 영원한 목적입니다. 그 목적을 따라서, 하나님께서는 일어나는 모든 일을 자기의 영광을 위하여 미리 정하셨습니다.

성경이 창조로부터 시작할지라도(창1:1), 하나님께서 첫 번째로 하신 일은 창조가 아니라 '작정'입니다. 작정이란 하나님께서 어떤 목적을 이루기 위해 영원 전에 세우신 계획입니다. 하나님께서 세상을 지으신 것도, 이 목적을 이루기 위함입니다. 그렇다면 그 목적은 무엇일까요? '하나님의 영광'입니다. 로마서 11:36은 이렇게 말합니다. "이는 만물이 주에게서 나오고 주로 말미암고 주에게로 돌아감이라 그에게 영광이 세세에 있을지어다. 아멘."

8문답 : 하나님께서 그분의 작정을 어떻게 이루십니까? 하나님께서는 그분의 작정을 창조와 섭리의 일로써 이루십니다.

하나님께서 자신의 영광을 위해 영원 전에 세우신 계획이 작정입니다. 하나님은 두 가지를 통해 작정을 이루십니다. 창조와 섭리입니다. 창조란 하나님의 영광을 드러낼 세상을 만드신 것이고, 섭리란 만들어진 세상이 하나님께만 영광을 돌리도록 간섭하시는 것입니다.

삼위 하나님의 사역 요약
작정(계획) ⇨ 창조 ⇨ 섭리 ⇨ 구속 ⇨ 완성

9문답 : 하나님께서 창조하신 일이 무엇입니까? 하나님께서 창조하신 일은 엿새 동안에 아무것도 없는 중에서 그분의 능력 있는 말씀으로 만물을 지으신 것인데, 하나님의 보시기에 모든 것이 매우 좋았습니다.

하나님께서 작정을 실행하기 위해 세상을 창조하셨습니다. 하나님의 창조는 크게 세 가지 특징을 가집니다. 첫째, 무(無)에서 시작된 창조입니다. 하나님은 아무것도 없는 가운데서 모든 것을 만드셨습니다. 둘째, 능력의 말씀으로 이루어진 창조입니다. 하나님은 전능하시기에 재료와 도구가 필요하지 않았습니다. 셋째, 완벽한 창조입니다. 하나님께서 만드신 세상은 하나께서 보시기에도 매우 좋았습니다.

10문답 : 하나님께서 사람을 어떻게 지으셨습니까? 하나님께서는 사람을 남자와 여자로 지으시되 자기의 형상대로 지식과 의와 거룩함으로 창조하시어 피조물을 다스리게 하셨습니다.

하나님의 가장 특별한 피조물은 사람입니다. 사람은 다른 피조물들과 근본적으로 다릅니다. 하나님의 형상으로 지음 받은 존재이기 때문입니다. 하나님의 형상이란 하나님을 닮았다는 뜻인데, 외모가 닮았다는 뜻은 아닙니다. 하나님은 영이시기 때문입니다. 에베소서 4:24은 이렇게 말합니다. "하나님을 따라 의와 진리의 거룩함으로 지으심을 받은 새 사람을 입으라." 즉, 사람이 가진 하나님의 형상은 지식과 의와 거룩함을 말합니다. 그렇다면 하나님께서 사람을 자신의 형상으로 지으신 이유는 무엇일까요? 사람이 하나님의 청지기이기 때문입니다. 사람은 하나님 대신 세상을 다스리는 존재이기에, 하나님의 형상이라는 고귀한 특권을 가지고 창조된 것입니다.

하나님의 형상	기능적 측면	하나님께서 맡기신 사명을 수행할 수 있는 존재
	존재론적 측면	하나님을 닮은 영적인 존재

11문답 : 하나님께서 섭리하시는 일이 무엇입니까? 하나님께서 섭리하시는 일은 모든 피조물과 그 모든 활동을 가장 거룩하고 지혜롭고 능력 있게 보존하시며 통치하시는 것입니다.

하나님은 작정을 이루기 위해 두 가지 사역을 하십니다. 창조 사역과 섭리 사역입니다. 섭리 사역도 두 가지로 나눌 수 있습니다. 보존 사역과 통치 사역입니다. 보존 사역이란 만물이 계속해서 존재하도록 하는 것입니다. 만약 하나님께서 보존하시지 않으시면 만물은 즉시 흔적도 없이 사라지고 말 것입니다. 통치 사역이란 만물이 하나님의 뜻대로 존재하도록 하는 것입니다. 만약 하나님께서 보존하시되 통치하시지 않으면 세상은 혼돈으로 가득하게 될 것입니다. 그렇다면 섭리의 범위는 어디까지일까요? 성경은 가장 미약한 피조물인 참새조차도 하나님께서 보존하시고 통치하신다고 말씀합니다. "참새 두 마리가 한 앗사리온에 팔리지 않느냐 그러나 너희 아버지께서 허락하지 아니하시면 그 하나도 땅에 떨어지지 아니하리라.(마10:29)" 그러므로 하나님의 섭리는 모든 피조물과 모든 활동에 미칩니다. 세상에 우연은 없으며, 모든 일이 하나님의 섭리입니다.

12문답: 사람이 창조받은 지위에 있을 때에 하나님께서 그에게 행하신 특별한 섭리는 무엇입니까? 하나님께서 사람을 창조하신 후에 완전한 순종을 조건으로 생명 언약을 맺으시고, 선악을 알게 하는 나무의 열매 먹는 것을 사망의 벌로써 금하셨습니다.

하나님께서 사람에게 특별한 섭리를 실행하셨습니다. 그것을 흔히 '생명언약'이라 부릅니다. 언약이란 두 사람 또는 그 이상의 사람들 사이에서 맺어지는 상호조약 혹은 약속을 뜻합니다. 생명언약의 내용은 다음과 같습니다. "선악을 알게 하는 나무의 열매는 먹지 말라 네가 먹는 날에는 반드시 죽으리라.(창2:17)" 이 언약을 '생명언약'이라 부르는 이유는, 순종을 조건으로 영원한 생명이 약속되어 있기 때문입니다.

행위 언약	언약하신 선물을 주시기 전에 순종하는 행위를 요구하셨기에 행위 언약이라 한다. 아담과 맺은 언약(창2:17)이 대표적이다. 행위 언약이라 해서 하나님의 은혜와 상관없는 의미는 아니다. 아담은 이 언약에 순종하는 것을 통해 영원한 생명을 얻을 수 있었으므로, 행위 언약도 근본적으로 하나님의 은혜다.
은혜 언약	인간의 순종 여부와 상관없이 하나님께서 일방적으로 언약의 혜택을 베푸시는 것이다. 메시야 언약(창3:15)이 대표적이다. 그리스도께서 오심은 우리의 순종과 상관없는 하나님 주도적인 은혜의 사건이다.

5. 핵심 정리

7문 : 하나님은 자신의 영광을 위해 일어날 모든 일들을 계획하셨습니다.
8문 : 하나님은 자신의 영광을 위해 만물을 창조하셨고, 만물 위에 섭리하십니다.
9문 : 하나님은 오직 말씀만으로 세상 모든 것을 매우 좋게 창조하셨습니다.
10문 : 하나님은 사람을 '하나님의 형상'으로 지으셨습니다.
11문 : 하나님은 지으신 세상을 내버려 두지 않으시고, 보존하시며 통치하십니다.
12문 : 하나님은 사람에게 영원한 생명을 주시려고, 생명 언약을 맺으셨습니다.

6. 근거 구절

7문 : 하나님의 작정은 그분의 뜻대로 계획하신 영원한 목적입니다. 그 목적을 따라서, 하나님께서는 일어나는 모든 일을 자기의 영광을 위하여 미리 정하셨습니다.

사 14:24 만군의 여호와께서 맹세하여 가라사대 나의 생각한 것이 반드시 되며 나의 경영한 것이 반드시 이루리라.

행 2:23 그가 하나님의 정하신 뜻과 미리 아신 대로 내어준 바 되었거늘 너희가 법 없는 자들의 손을 빌어 못 박아 죽였으나.

엡 1:11-12 [11]모든 일을 그 마음의 원대로 역사(役事)하시는 자의 뜻을 따라 우리가 예정을 입어 그 안에서 기업이 되었으니 [12]이는 그리스도 안에서 전부터 바라던 우리로 그의 영광의 찬송이 되게 하려 하심이라.

8문 : 하나님께서는 그분의 작정을 창조와 섭리의 일로써 이루십니다.

사 40:26 너희는 눈을 높이 들어 누가 이 모든 것을 창조하였나 보라. 주께서는 수효대로 만상을 이끌어 내시고 각각 그 이름을 부르시나니 그의 권세가 크고 그의 능력이 강하므로 하나도 빠짐이 없느니라.

단 4:35 땅의 모든 거민을 없는 것같이 여기시며 하늘의 군사에게든지 땅의 거민에게든지 그는 자기 뜻대로 행하시나니 누가 그의 손을 금하든지 혹시 이르기를 네가 무엇을 하느냐 할 자가 없도다.

9문 : 하나님께서 창조하신 일은 엿새 동안에 아무것도 없는 중에서 그분의 능력 있는 말씀으로 만물을 지으신 것인데,

창 1:1 태초에 하나님이 천지를 창조하시니라.

계 4:11 우리 주 하나님이여 영광과 존귀와 능력을 받으시는 것이 합당하오니 주께서 만물을 지으신지라. 만물이 주의 뜻대로 있었고 또 지으심을 받았나이다 하더라.

하나님의 보시기에 모든 것이 매우 좋았습니다.

창 1:31 하나님이 그 지으신 모든 것을 보시니 보시기에 심히 좋았더라. 저녁이 되며 아침이 되니 이는 여섯째 날이니라.

딤전 4:4 하나님의 지으신 모든 것이 선하매 감사함으로 받으면 버릴 것이 없나니.

10문 : 하나님께서는 사람을 남자와 여자로 지으시되

창 2:24 이러므로 남자가 부모를 떠나 그 아내와 연합하여 둘이 한 몸을 이룰지로다.

마 19:4 예수께서 대답하여 가라사대 사람을 지으신 이가 본래 저희를 남자와 여자로 만드시고

자기의 형상대로

창 1:27 하나님이 자기 형상 곧 하나님의 형상대로 사람을 창조하시되 남자와 여자를 창조하시고.

지식과 의와 거룩함으로 창조하시어

골 3:10 새사람을 입었으니 이는 자기를 창조하신 자의 형상을 좇아 지식에까지 새롭게 하심을 받는 자니라.

엡 4:24 하나님을 따라 의와 진리의 거룩함으로 지으심을 받은 새사람을 입으라.

피조물을 다스리게 하셨습니다.

창 1:28 하나님이 그들에게 복을 주시며 그들에게 이르시되 생육하고 번성하여 땅에 충만하라, 땅을 정복하라, 바다의 고기와 공중의 새와 땅에 움직이는 모든 생물을 다스리라 하시니라.

11문 : 하나님께서 섭리하시는 일은 모든 피조물과 그 모든 활동을

마 10:29-31 참새 두 마리가 한 앗사리온에 팔리는 것이 아니냐? 그러나 너희 아버지께서 허락지 아니하시면 그 하나라도 땅에 떨어지지 아니하리라. 30너희에게는 머리털까지 다 세신 바 되었나니 31두려워하지 말라. 너희는 많은 참새보다 귀하니라.

롬 8:28 우리가 알거니와 하나님을 사랑하는 자 곧 그 뜻대로 부르심을 입은 자들에게는 모든 것이 합력하여 선을 이루느니라.

가장 거룩하고 지혜롭고 능력 있게

시 145:17 여호와께서는 그 모든 행위에 의로우시며 그 모든 행사에 은혜로우시도다.

사 28:29 이도 만군의 여호와께로서 난 것이라 그의 모략은 기묘하며 지혜는 광대하니라

보존하시며

느 9:6 오직 주는 여호와시라. 하늘과 하늘들의 하늘과 일월성령과 땅과 땅 위의 만물과 바다와 그 가운데 모든 것을 지으시고 다 보존하시오니 모든 천군이 주께 경배하나이다.

통치하시는 것입니다.

시 103:19 여호와께서 그 보좌를 하늘에 세우시고 그 정권으로 만유를 통치하시도다.

12문 : 하나님께서 사람을 창조하신 후에 완전한 순종을 조건으로 생명 언약을 맺으시고, 선악을 알게 하는 나무의 열매 먹는 것을 사망의 벌로써 금하셨습니다.

창 2:16-17 여호와 하나님이 그 사람에게 명하여 가라사대 동산 각종 나무의 실과는 네가 임의로 먹되 17선악을 알게 하는 나무의 실과는 먹지 말라. 네가 먹는 날에는 정녕 죽으리라 하시니라.

호 6:7 저희는 아담처럼 언약을 어기고 거기서 내게 패역을 행하였느니라.

3주차

제13 - 19문 **인간의 죄와 타락**

1. 서론

13–19문은 하나님의 섭리에 대한 사람의 반응과 그 결과에 대해 설명하고 있습니다. 하나님은 순종을 조건으로 영원한 생명을 약속하셨지만, 아담은 그 언약에 순종하지 않았습니다. 결국 아담은 타락하였고, 아담 안에서 모든 인류도 함께 타락하였습니다.

2. 구조

하나님에 대하여 믿을 것은 무엇인가? (4–38문)	하나님은 어떤 분인가?(4–6문)	
	하나님께서 하신 일은 무엇이가?(7–38문)	하나님의 작정과 섭리(7–12문)
		인간의 죄와 타락(13–19문)
		성부의 예정 사역(20문)
		그리스도의 구속 사역(21–28문)
		성령의 적용 사역(29–38문)
하나님께서 사람에게 요구하시는 본분은 무엇인가?(39–107문)		

3. 소요리문답

13문 : 우리 시조(始祖)가 창조받은 지위에 그대로 있었습니까?
　답 : 우리 시조는 의지의 자유를 받았으나 하나님께 범죄함으로써 창조받은 지위에서 타락하였습니다.

14문 : 죄가 무엇입니까?
　답 : 죄는 하나님의 율법을 조금이라도 부족하게 지키거나 그 법을 어기는 것입니다.

15문 : 우리 시조가 창조받은 지위에서 타락하게 된 죄는 무엇입니까?

답 : 우리 시조가 창조받은 지위에서 타락하게 된 죄는 금하신 열매를 먹은 것입니다.

16문 : 아담의 첫 범죄 때에 모든 사람이 타락하였습니까?

답 : 아담과 맺으신 언약은 아담 한 사람만이 아니라 그의 후손까지 위한 것이므로, 보통 출생법으로 아담의 후손이 된 모든 인류는 아담의 첫 범죄 때에 그의 안에서 죄를 짓고 그와 함께 타락하였습니다.

17문 : 타락으로 말미암아 인류는 어떠한 처지에 떨어지게 되었습니까?

답 : 타락으로 말미암아 인류는 죄와 비참한 처지에 떨어지게 되었습니다.

18문 : 사람이 그 타락한 처지에서 죄 되는 것은 무엇입니까?

답 : 사람이 그 타락한 처지에서 죄 되는 것은 아담의 첫 범죄의 죄책(罪責)과 원시의(原始義)가 없는 것과 온 성품이 부패한 것인데, 이것이 보통 원죄(原罪)라 하는 것이고, 아울러 이 죄로 말미암아 나오는 모든 자범죄(自犯罪)입니다.

19문 : 사람이 그 타락한 처지에서 비참한 것은 무엇입니까?

답 : 모든 인류는 타락함으로 말미암아 하나님과 교제가 끊어졌고 하나님의 진노와 저주 아래 있으며, 그로 말미암아 이 세상에서 온갖 비참함을 겪다가 결국 죽음에 이르고 영원히 지옥의 고통에 떨어집니다.

4. 핵심 해설

13문답 : 우리 시조(始祖)가 창조받은 지위에 그대로 있었습니까? 우리 시조는 의지의 자유를 받았으나 하나님께 범죄함으로써 창조받은 지위에서 타락하였습니다.

아담은 하나님과 맺은 언약에 순종하지 않았습니다. 능력이 부족해서가 아닙니다. 하나님은 아담에게 언약에 자발적으로 순종할 수 있는 능력, 즉 '자유의지'를 주셨습니다. 아담은 고의로 불순종하였고, 그 결과 타락하였습니다. 아담의 타락도 하나님의 작정에 포함된 일인지 궁금해 하는 사람들이 많습니다. 물론 포함된 일입니다. 하나님은 일어날 모든 일을 계획하셨기 때문입니다.(하나님의 작정) 어떻게 이런 일이 가능한지 우리는 알 수 없습니다. 모든 것은 하나님만 아십니다. 다만 두 가지는 확실합니다. 첫째, 아담의 타락은 하나님의 작정과 무관하게 발생하지 않았습니다.(엡1:11) 둘째, 하나님은 죄의 조성자가 아닙니다.(약1:13)

14문답 : 죄가 무엇입니까? 죄는 하나님의 율법을 조금이라도 부족하게 지키거나 그 법을 어기는 것입니다.

세상 사람들은 죄를 '사람에게 해를 끼치는 행동'정도로 생각합니다. 그렇게 보면 아담의 불순종은 과일 하나 따먹은 사소한 실수에 지나지 않습니다. 그런데 성경은 아담의 불순종이 낙원에서 추방되어야 하고, 하나님의 저주를 받아야 하는 큰 범죄라고 말합니다. 그러므로 죄의 정의를 수정해야 합니다. 죄란 "하나님의 율법을 조금이라도 부족하게 지키거나 그 법을 어기는 것"입니다. 그리고 불순종의 대상이 온 우주의 왕이신 하나님이시기 때문에, 모든 죄의 대가는 영원한 형벌이어야 마땅합니다.

15문답 : 우리 시조가 창조받은 지위에서 타락하게 된 죄는 무엇입니까? 우리 시조가 창조받은 지위에서 타락하게 된 죄는 금하신 열매를 먹은 것입니다.

아담이 불순종한 결과는 타락으로 나타났습니다. 타락이란 재생이 불가능할 정도로 심하게 변질되고 파괴된 상태를 말합니다. 예를 들어 수박을 오래 두면 까맣게 썩어 전혀 먹을 수 없는 상태가 됩니다. 이런 일이 사람에게 일어난 것을 타락이라고 합니다. 원래 아담은 하나님의 형상으로 창조되었습니다. 아담은 가장 특별하고 탁월한 존재였습니다. 하지만 아담의 범죄로 인해 아담 안에 있던 하나님의 형상은 심각하게 파괴되고 훼손되어, 사라진 것이나 마찬가지가 되었습니다.

16문답 : 아담의 첫 범죄 때에 모든 사람이 타락하였습니까? 아담과 맺으신 언약은 아담 한 사람만이 아니라 그의 후손까지 위한 것이므로, 보통 출생법으로 아담의 후손이 된 모든 인류는 아담의 첫 범죄 때에 그의 안에서 죄를 짓고 그와 함께 타락하였습니다.

아담이 타락한 결과는 '보통생육법'으로 출생할 그의 모든 후손에게도 미쳤습니다. '대표성의 원리' 때문입니다. 예를 들어 한 집안의 가장인 아버지가 주소지를 옮기면, 어린 자녀들은 자동적으로 아버지의 주소지를 따라갑니다. 아버지가 어린 자녀들의 대표이기 때문입니다. 같은 원리에 따라 세상 모든 사람들의 대표인 아담의 선택과 결정은, 모든 인류의 선택과 결정이나 다름없습니다.(롬5:12) 그래서 모든 인류는 "아담의 첫 범죄 때에 그의 안에서 죄를 짓고 그와 함께 타락"하였습니다.

17문답 : 타락으로 말미암아 인류는 어떠한 처지에 떨어지게 되었습니까? 타락으로 말미암아 인류는 죄와 비참한 처지에 떨어지게 되었습니다.

인류의 타락은 두 가지 결과를 낳았습니다. 하나는 죄인이 된 것이고, 또 하나는 비참한 처지에 놓이게 된 것입니다. 소요리문답은 제18문에서 죄인 됨의 의미를 설명하고, 제19문에서 비참함의 의미를 설명합니다.

18문답 : 사람이 그 타락한 처지에서 죄 되는 것은 무엇입니까? 사람이 그 타락한 처지에서 죄 되는 것은 아담의 첫 범죄의 죄책(罪責)과 원시의(原始義)가 없는 것과 온 성품이 부패한 것인데, 이것이 보통 원죄(原罪)라 하는 것이고, 아울러 이 죄로 말미암아 나오는 모든 자범죄(自犯罪)입니다.

모든 인류가 죄인이 되었다는 것은 아담에게 '원죄'를 물려받고, 원죄로 인해 '자범죄'를 짓게 되었다는 뜻입니다. 예를 들어 어떤 농장에 사과나무가 있다면, 그 나무에는 항상 사과가 열릴 것입니다. 마찬가지로 사람은 아담에게서 물려받은 죄인의 본질, 즉 '원죄'가 있습니다. 그래서 사람은 죄를 지어 죄인이 아니라, 죄인이기 때문에 죄를 짓습니다. 사과나무가 사과를 맺을 수밖에 없는 것과 같습니다. 이것은 인간에게 '선을 행할 자유의지'가 없다는 사실을 뜻합니다. 태초의 아담과 달리 타락한 인간에게는 악을 행할 자유밖에 없습니다.

타락의 결과	
원죄	1. 아담의 범죄에 대한 공동 책임(롬5:19)
	2. 원래 의로움의 상실(롬7:18)
	3. 본성 전체의 부패(마15:19)
자범죄	원죄에 뿌리내린 모든 생각과 언행과 행동

19문답 : 사람이 그 타락한 처지에서 비참한 것은 무엇입니까? 모든 인류는 타락함으로 말미암아 하나님과 교제가 끊어졌고 하나님의 진노와 저주 아래 있으며, 그로 말미암아 이 세상에서 온갖 비참함을 겪다가 결국 죽음에 이르고 영원히 지옥의 고통에 떨어집니다.

모든 인류가 비참한 처지에 놓이게 되었다는 것은 하나님의 진노의 대상이 되어 심판을 받게 되었다는 뜻입니다. 예를 들어 보겠습니다. 저녁 시간에 가족들과 나눠 먹기 위해 수박 한 덩이를 샀습니다. 싱싱할 줄 알고 산 수박은 쪼개어 보니 썩은 수박이었습니다. 이 사람은 어떻게 행동할까요? 썩은 수박을 매우 불쾌하게 여기면서 쓰레기통에 내던질 것입니다. 하나님과 사람의 관계도 마찬가지입니다. 사람은 더 이상 하나님의 사랑스러운 피조물이 아닙니다. 하나님의 진노를 일으키는 죄인에 불과합니다. 썩은 수박이 쓰레기통에 던져지는 것이 당연하듯이 이제 인간은 지옥으로 던져지는 것이 당연한 운명이 되었습니다.

5. 핵심 정리

13문: 아담은 자유의지를 악용하여 언약을 어기고 타락했습니다.
14문: 죄는 하나님의 법을 어기거나 부족하게 순종하는 것입니다.
15문: 아담은 금하신 열매를 먹음으로 하나님의 법을 어기고 죄를 지었습니다.
16문: 아담이 타락한 결과 모든 인류도 타락했습니다.
17문: 모든 인류는 타락으로 인해 죄와 비참의 상태에 빠졌습니다.
18문: 타락한 인간은 원죄를 가지고 태어나, 평생 동안 자범죄를 짓습니다.
19문: 타락한 인간은 영원한 지옥 형벌을 받게 되었습니다.

6. 근거 구절

13문 : 우리 시조는 의지의 자유를 받았으나 하나님께 범죄함으로써 창조받은 지위에서 타락하였습니다.

창 3:6-8, 13 여자가 그 나무를 본즉 먹음직도 하고 보암직도 하고 지혜롭게 할 만큼 탐스럽기도 한 나무인지라. 여자가 그 실과를 따 먹고 자기와 함께한 남편에게도 주매 그도 먹은지라. [7]이에 그들의 눈이 밝아 자기들의 몸이 벗은 줄을 알고 무화과나무 잎을 엮어 치마를 하였더라. [8]그들이 날이 서늘할 때에 동산에 거니시는 여호와 하나님의 음성을 듣고 아담과 그 아내가 여호와 하나님의 낯을 피하여 동산 나무 사이에 숨은지라. [13]여호와 하나님이 여자에게 이르시되 네가 어찌하여 이렇게 하였느냐? 여자가 가로되 뱀이 나를 꾀므로 내가 먹었나이다.

14문 : 죄는 하나님의 율법을 조금이라도 부족하게 지키거나 그 법을 어기는 것입니다.

레 5:17 만일 누구든지 여호와의 금령 중 하나를 부지중에 범하여도 허물이라. 벌을 당할 것이니요일 3:4 죄를 짓는 자마다 불법을 행하나니 죄는 불법이라.

15문 : 우리 시조가 창조받은 지위에서 타락하게 된 죄는 금하신 열매를 먹은 것입니다.

창 3:6 여자가 그 나무를 본즉 먹음직도 하고 보암직도 하고 지혜롭게 할 만큼 탐스럽기도 한 나무인지라. 여자가 그 실과를 따 먹고 자기와 함께한 남편에게도 주매 그도 먹은지라.

16문 : 아담과 맺으신 언약은 아담 한 사람만이 아니라 그의 후손까지 위한 것이므로, 보통 출생법으로 아담의 후손이 된 모든 인류는 아담의 첫 범죄 때에 그의 안에서 죄를 짓고 그와 함께 타락하였습니다.

롬 5:12 이러므로 한 사람으로 말미암아 죄가 세상에 들어오고 죄로 말미암아 사망이 왔나니 이와 같이 모든 사람이 죄를 지었으므로 사망이 모든 사람에게 이르렀느니라.

고전 15:21-22 사망이 사람으로 말미암았으니 죽은 자의 부활도 사람으로 말미암는도다. ²²아담 안에서 모든 사람이 죽은 것같이 그리스도 안에서 모든 사람이 삶을 얻으리라.

17문 : 타락으로 말미암아 인류는 죄와 비참한 처지에 떨어지게 되었습니다.

창 3:16-19, 23 또 여자에게 이르시되 내가 네게 잉태하는 고통을 크게 더하리니 네가 수고하고 자식을 낳을 것이며 너는 남편을 사모하고 남편은 너를 다스릴 것이니라 하시고 ¹⁷아담에게 이르시되 네가 네 아내의 말을 듣고 내가 너더러 먹지 말라 한 나무 실과를 먹었은즉 땅은 너로 인하여 저주를 받고 너는 종신토록 수고하여야 그 소산을 먹으리라. ¹⁸땅이 네게 가시덤불과 엉겅퀴를 낼 것이라. 너의 먹을 것은 밭의 채소인즉 ¹⁹네가 얼굴에 땀이 흘러야 식물을 먹고 필경은 흙으로 돌아가리니 그 속에서 네가 취함을 입었음이라. 너는 흙이니 흙으로 돌아갈 것이니라 하시니라. ²³여호와 하나님이 에덴동산에서 그 사람을 내어 보내어 그의 근본 된 토지를 갈게 하시니라.

롬 5:12 이러므로 한 사람으로 말미암아 죄가 세상에 들어오고 죄로 말미암아 사망이 왔나니 이와 같이 모든 사람이 죄를 지었으므로 사망이 모든 사람에게 이르렀느니라.

18문 : 사람이 그 타락한 처지에서 죄 되는 것은 아담의 첫 범죄의 죄책(罪責)과

롬 5:12, 19 이러므로 한 사람으로 말미암아 죄가 세상에 들어오고 죄로 말미암아 사망이 왔나니 이와 같이 모든 사람이 죄를 지었으므로 사망이 모든 사람에게 이르렀느니라. [19]한 사람의 순종치 아니함으로 많은 사람이 죄인 된 것같이 한 사람의 순종하심으로 많은 사람이 의인이 되리라.

원시의(原始義)가 없는 것과

롬 3:10 기록한 바 의인은 없나니 하나도 없으며.

온 성품이 부패한 것인데, 이것이 보통 원죄(原罪)라 하는 것이고,

렘 17:9-10 만물보다 거짓되고 심히 부패한 것은 마음이라. 누가 능히 이를 알리오마는 [10]나 여호와는 심장을 살피며 폐부를 시험하고 각각 그 행위와 그 행실대로 보응하나니.

아울러 이 죄로 말미암아 나오는 모든 자범죄(自犯罪)입니다.

마 15:19 마음에서 나오는 것은 악한 생각과 살인과 간음과 음란과 도적질과 거짓 증거와 훼방이니.

19문 : 모든 인류는 타락함으로 말미암아 하나님과 교제가 끊어졌고

창 3:24 이같이 하나님이 그 사람을 쫓아내시고 에덴동산 동편에 그룹들과 두루 도는 화염검을 두어 생명나무의 길을 지키게 하시니라.

엡 2:12 그때에 너희는 그리스도 밖에 있었고 이스라엘 나라 밖의 사람이라 약속의 언약들에 대하여 외인이요 세상에서 소망이 없고 하나님도 없는 자이더니.

하나님의 진노와

롬 1:18 하나님의 진노가 불의로 진리를 막는 사람들의 모든 경건치 않음과 불의에 대하여 하늘로 좇아 나타나나니.

엡 2:3 전에는 우리도 다 그 가운데서 우리 육체의 욕심을 따라 지내며 육체와 마음의 원하는 것을 하여 다른 이들과 같이 본질상 진노의 자녀이었더니.

저주 아래 있으며,

갈 3:10 무릇 율법 행위에 속한 자들은 저주 아래 있나니 기록된 바 누구든지 율법 책에 기록된 대로 온갖 일을 항상 행하지 아니하는 자는 저주 아래 있는 자라 하였음이라.

그로 말미암아 이 세상에서 온갖 비참함을 겪다가

창 3:16-19 또 여자에게 이르시되 내가 네게 잉태하는 고통을 크게 더하리니 네가 수고하고 자식을 낳을 것이며 너는 남편을 사모하고 남편은 너를 다스릴 것이니라 하시고 [17]아담에게 이르시되 네가 네 아내의 말을 듣고 내가 너더러 먹지 말라 한 나무 실과를 먹었은즉 땅은 너로 인하여 저주를 받고 너는 종신토록 수고하여야 그 소산을 먹으리라. [18]땅이 네게 가시덤불과 엉겅퀴를 낼 것이라. 너의 먹을 것은 밭의 채소인즉 [19]네가 얼굴에 땀이 흘러야 식물을 먹고 필경은 흙으로 돌아가리니 그 속에서 네가 취함을 입었음이라. 너는 흙이니 흙으로 돌아갈 것이니라 하시니라.

전 2:22-23 사람이 해 아래서 수고하는 모든 수고와 마음에 애쓰는 것으로 소득이 무엇이랴? [23]일평생에 근심하며 수고하는 것이 슬픔뿐이라. 그 마음이 밤에도 쉬지 못하나니 이것도 헛되도다.

결국 죽음에 이르고
롬 5:12 이러므로 한 사람으로 말미암아 죄가 세상에 들어오고 죄로 말미암아 사망이 왔나니 이와 같이 모든 사람이 죄를 지었으므로 사망이 모든 사람에게 이르렀느니라.

영원히 지옥의 고통에 떨어집니다.
마 25:41, 46 또 왼편에 있는 자들에게 이르시되 저주를 받은 자들아 나를 떠나 마귀와 그 사자들을 위하여 예비된 영영한 불에 들어가라. [46]저희는 영벌에, 의인들은 영생에 들어가리라 하시니라.
살후 1:9 이런 자들이 주의 얼굴과 그의 힘의 영광을 떠나 영원한 멸망의 형벌을 받으리로다.

4주차

제20-28문 그리스도의 구속 사역

1. 서론

20-38문은 죄와 비참의 처지에 빠진 우리를 구원하기 위해 삼위 하나님께서 하신 일을 각각 설명하고 있습니다. 20문은 성부께서 우리를 선택하신 것을, 21-28문은 성자께서 우리를 구속하신 것을, 29-38문은 성령께서 성자의 구속을 우리에게 적용하신 것을 각각 설명합니다.

2. 구조

하나님에 대하여 믿을 것은 무엇인가? (4-38문)	하나님은 어떤 분인가?(4-6문)	
	하나님께서 하신 일은 무엇인가?(7-38문)	하나님의 작정과 섭리(7-12문)
		인간의 죄와 타락(13-19문)
		성부의 예정 사역(20문)
		그리스도의 구속 사역(21-28문)
		성령의 적용 사역(29-38문)
하나님께서 사람에게 요구하시는 본분은 무엇인가?(39-107문)		

3. 소요리문답

20문 : 하나님께서 모든 인류를 죄와 비참한 처지에서 멸망하게 버려두셨습니까?
  답 : 하나님께서는 영원부터 오직 그분의 선하신 뜻대로 어떤 사람들을 영생에 이르도록 선택하셨고, 구속자로 말미암아 그들을 죄와 비참한 처지에서 건져 내어 구원의 지위에 이르게 하시려고 은혜 언약을 세우셨습니다.

21문 : 하나님께서 선택하신 사람들의 구속자는 누구이십니까?
  답 : 하나님께서 선택하신 사람들의 구속자는 오직 주 예수 그리스도이십니다. 그분은

하나님의 영원한 아들로서 사람이 되셨고, 한 위(位)에 양성(兩性)을 가지신 하나님 이시고 사람이셨으며, 지금도, 그리고 영원토록 그러하십니다.

22문 : 하나님의 아들이신 그리스도께서 어떻게 사람이 되셨습니까?
    답 : 하나님의 아들이신 그리스도께서는 성령의 능력으로 잉태되어 동정녀 마리아의 몸에서 참몸과 지각 있는 영혼을 취하심으로 사람이 되셨습니다. 또한 마리아에게서 태어나셨으나 죄는 없으십니다.

23문 : 그리스도께서 우리의 구속자로서 무슨 직분을 행하십니까?
    답 : 그리스도께서는 우리의 구속자로서 선지자와 제사장과 왕의 직분을 낮아지고 높아지신 두 지위에서 행하십니다.

24문 : 그리스도께서 선지자의 직분을 어떻게 행하십니까?
    답 : 그리스도께서는 선지자로서 우리를 구원하시려는 하나님의 뜻을 그분의 말씀과 성령으로 우리에게 계시하십니다.

25문 : 그리스도께서 제사장의 직분을 어떻게 행하십니까?
    답 : 그리스도께서는 제사장으로서 단번에 자신을 제물로 드려 하나님의 공의를 만족시키시고 우리를 하나님과 화목하게 하셨으며, 또한 우리를 위하여 항상 간구하십니다.

26문 : 그리스도께서 왕의 직분을 어떻게 행하십니까?
    답 : 그리스도께서는 왕으로서 우리를 자기에게 복종하게 하시고 우리를 다스리시고 보호하시며, 그분의 모든 원수들, 곧 우리 원수들을 제어하시고 정복하십니다.

27문 : 그리스도의 낮아지심이 무엇입니까?

   답 : 그리스도의 낮아지심은 그분이 강생(降生)하시되 그처럼 비천한 형편에 태어나셨고 율법 아래 나셨으며, 이 세상에서 여러 가지 비참함을 겪다가 하나님의 진노와 십자가의 저주의 죽음을 받으셨고, 장사되셔서 얼마 동안 죽음의 권세 아래 거하신 것입니다.

28문 : 그리스도의 높아지심이 무엇입니까?

   답 : 그리스도의 높아지심은 그분이 사흗날에 죽은 자들 가운데서 부활하셨고, 하늘에 오르셨고, 성부 하나님 우편에 앉아 계시며, 마지막 날에 세상을 심판하러 오시는 것입니다.

4. 핵심 해설

20문답 : 하나님께서 모든 인류를 죄와 비참한 처지에서 멸망하게 버려두셨습니까? 하나님께서는 영원부터 오직 그분의 선하신 뜻대로 어떤 사람들을 영생에 이르도록 선택하셨고, 구속자로 말미암아 그들을 죄와 비참한 처지에서 건져 내어 구원의 지위에 이르게 하시려고 은혜 언약을 세우셨습니다.

모든 인류는 죄와 비참의 상태에 놓여 있습니다.(18-19문 참조) 그렇다면 우리 역시 죄와 비참 가운데서 멸망하게 될까요? 그렇지 않습니다. 하나님께서 우리와 '은혜 언약'을 맺어주셨기 때문입니다. 은혜 언약은, 하나님께서 아담과 맺으신 행위 언약과 여러 부분에서 다릅니다. 아담은 하나님의 언약에 순종하는 것을 통해서만 영원히 살 수 있었습니다. 하지만 은혜언약은 순종이 아니라 믿음을 요구합니다. 그런데 그 믿음조차 하나님의 선물이기 때문에 은혜입니다. 이처럼 우리의 구원은 하나님의 선물이지 순종을 통해 얻어낸 것이 아닙니다.

	행위언약	은혜언약
공통점	사람이 하나님께 무언가를 요구할 자격이 없음에도 불구하고, 하나님께서 자발적으로 자신을 낮추시어 사람과 언약을 맺어 주셨다는 것, 언약의 상급으로 영생이 약속되고 언약의 벌로 죽음이 약속되어 있다는 것, 언약의 목적은 '하나님의 영광'이라는 것이 동일하다.	
차이점	행위언약 안에서 영생의 상급을 받기 위해서는 언약의 내용에 완전히 순종해야 했다. 타락하기 전의 아담에게는 그러한 능력이 있었으나, 불순종할 가능성도 있었다.	은혜언약 안에서 영생의 상급을 받기 위해서는 구속자이신 그리스도를 믿어야 한다. 하나님께서 구원하기로 예정하신 자들에게 성령을 보내시어, 그리스도를 믿을 수 있도록 도와주신다. 타락한 인간은 아무도 스스로의 능력으로 그리스도를 믿을 수 없기 때문이다.

21문답 : 하나님께서 선택하신 사람들의 구속자는 누구이십니까? 하나님께서 선택하신 사람들의 구속자는 오직 주 예수 그리스도이십니다. 그분은 하나님의 영원한 아들로서 사람이 되셨고, 한 위(位)에 양성(兩性)을 가지신 하나님이시고 사람이셨으며, 지금도, 그리고 영원토록 그러하십니다.

우리의 구속자는 두 가지 자격을 갖추어야 합니다. 첫째, 모든 사람을 대표할 수 있어야 합니다. 하나님께 죄를 지은 대상이 사람이기 때문입니다. 그래서 우리의 구속자는 '사람'이어야 합니다. 둘째, 모든 사람을 대신할 수 있어야 합니다. 모든 인류가 죄를 지었는데, 짐승이나 사람이 구속자가 될 수 없습니다. 그래서 우리의 구속자는 모든 인류보다 더 가치 있는 분, 즉 하나님이어야 합니다. 종합하면 우리의 구속자는 우리를 대표하기 위해 사람이어야 하고, 우리를 대신하기 위해 하나님이어야 합니다. 바로 이것이 하나님이신 예수님께서 사람의 몸을 입고 이 땅에 오신 이유입니다.

우리의 구속자가 하나님이면서 사람이어야 하는 또 다른 이유는, 죽음의 문제 때문입니다. 사람으로는 죽음을 이길 수 없고, 하나님으로는 죽을 수 없습니다. 그래서 우리의 구원자는 하나님이면서 동시에 사람이어야 합니다.

구속자의 조건	
지위에 있어서 우리를 대표할 수 있어야 함	참 사람
가치에 있어서 우리를 대신할 수 있어야 함	참 하나님

22문답 : 하나님의 아들이신 그리스도께서 어떻게 사람이 되셨습니까? 하나님의 아들이신 그리스도께서는 성령의 능력으로 잉태되어 동정녀 마리아의 몸에서 참몸과 지각 있는 영혼을 취하심으로 사람이 되셨습니다. 또한 마리아에게서 태어나셨으나 죄는 없으십니다.

하나님이신 예수님께서 사람이 되신 것은 놀라운 일입니다. 예를 들어 우리가 바퀴벌레가 되어야 한다고 생각해 보십시오. 일 년이 아니라 단 하루도 살 수 없을 것입니다. 하나님이신 예수님이 사람이 되신 것은 이보다 훨씬 끔찍한 일입니다. 본래 예수님은 하나님이셔서 몸이 없었습니다. 지치거나 피곤하지 않으셨고, 늙거나 병들지도 않았습니다. 그런 예수님께서 사람이 되었습니다. 지치고, 피곤하고, 늙고, 병들어야 하는 비참한 세상 속에 들어오셨습니다. 이때 예수님은 처녀의 몸을 통해, 원죄 없이 출생하셨습니다. 이것은 성령께서 예수님의 출생에 관여하셨기에 가능한 일입니다.(눅1:35)

23문답 : 그리스도께서 우리의 구속자로서 무슨 직분을 행하십니까? 그리스도께서는 우리의 구속자로서 선지자와 제사장과 왕의 직분을 낮아지고 높아지신 두 지위에서 행하십니다.

예수님은 우리의 구속을 위해 낮은 위치와 높은 위치에서 선지자와 제사장과 왕의 직분을 수행하십니다. 낮은 위치란 이 땅으로 내려오신 것을 의미하고, 높은 위치란 부활하셔서 하나님 우편에 앉으신 것을 의미합니다. 선지자와 제사장과 왕은 머리에 기름을 붓는 특별한 의식으로 세워졌습니다. 그래서 이 세 가지 직분을 '기름부음 받은 자'라는 뜻으로 그리스도라 불렀습니다. '예수'는 하나님의 아들께서 취하신 이름이고, '그리스도'는 하나님의 아들께서 우리를 구속하기 위해 행하신 직분입니다.

24문답 : 그리스도께서 선지자의 직분을 어떻게 행하십니까? 그리스도께서는 선지자로서 우리를 구원하시려는 하나님의 뜻을 그분의 말씀과 성령으로 우리에게 계시하십니다.

선지자는 하나님의 말씀을 대신 전하는 직분입니다. 그리스도께서는 자신의 영을 선지자들에게 내리셔서 구약의 성도들에게 하나님의 말씀을 전해주셨고, 지금은 성경과 성령으로 하나님의 말씀을 전해주십니다. 그래서 오늘날 하나님의 말씀을 듣기 위해서는 성경을 보아야지, 선지자를 찾아서는 안 됩니다. 하지만 성경만으로 하나님의 뜻을 아는 것은 불가능합니다. 반드시 '성령의 조명'이 있어야 합니다. 성령의 조명이란, 우리가 성경을 이해할 수 있도록 성령께서 우리의 눈과 마음을 밝혀주시는 것입니다.

25문답 : 그리스도께서 제사장의 직분을 어떻게 행하십니까? 그리스도께서는 제사장으로서 단번에 자신을 제물로 드려 하나님의 공의를 만족시키시고 우리를 하나님과 화목하게 하셨으며, 또한 우리를 위하여 항상 간구하십니다.

제사장은 하나님과 사람 사이를 화해시키는 직분입니다. 구약의 제사장은 짐승을 희생 제물로 바치는 것과, 백성을 대신하여 기도하는 것을 통해 이 역할을 수행했습니다. 구약의 제사는 반복되어야 했지만, 신약의 제사는 예수님의 십자가 사건 이후로 종결되었습니다. 그리스도가 창조주로서 무한한 가치를 가지고 계시기에, 그리스도께서 자기 몸으로 드린 제사의 가치도 무한하기 때문입니다. 지금 그리스도는 하나님 우편에서 우리를 위해 중보기도하심으로, 하나님과 우리 사이의 화해자가 되십니다.

26문답 : 그리스도께서 왕의 직분을 어떻게 행하십니까? 그리스도께서는 왕으로서 우리를 자기에게 복종하게 하시고 우리를 다스리시고 보호하시며, 그분의 모든 원수들, 곧 우리 원수들을 제어하시고 정복하십니다.

왕은 대적으로부터 하나님의 백성을 건져내고 보호하는 직분입니다. 왕이신 그리스도는 우리를 죄와 사망에서 건져내어 자기 백성으로 삼으셨고, 지금은 사탄과 세상의 유혹에 넘어가지 않도록 우리의 몸과 영혼을 보호하십니다. 성도의 삶이 안전한 이유가 여기에 있습니다. 세상의 그 어떤 왕보다 강하신 왕, 영원토록 우리와 함께 하시는 왕이 우리의 주 예수 그리스도이십니다. 심지어 그리스도는 우리의 모든 원수들을 제어하고 정복하시되, 죽음까지도 정복하셨습니다.

27문답 : 그리스도의 낮아지심이 무엇입니까? 그리스도의 낮아지심은 그분이 강생(降生)하시되 그처럼 비천한 형편에 태어나셨고 율법 아래 나셨으며, 이 세상에서 여러 가지 비참함을 겪다가 하나님의 진노와 십자가의 저주의 죽음을 받으셨고, 장사되셔서 얼마 동안 죽음의 권세 아래 거하신 것입니다.

하나님의 아들께서 그리스도가 되신 이유는, 자신이 직접 그리스도의 직분을 수행하는 것 외에 우리를 구원할 다른 방법이 없었기 때문입니다. 그리스도는 우리를 위해 법을 세성하던 창조주의 위치에서 법을 지켜야 하는 피조물의 위치로 낮아지셨습니다. 출생에서는 더러운 말구유에서 나시기까지 자기를 낮추셨고, 일생 동안 지극히 많은 시험과 비난과 배신을 겪기까지 자신을 낮추셨습니다. 죽음에 있어서는 십자가에서 죽고, 무덤에 묻히기까지 자신을 낮추셨습니다.

28문답 : 그리스도의 높아지심이 무엇입니까? 그리스도의 높아지심은 그분이 사흘날에 죽은 자들 가운데서 부활하셨고, 하늘에 오르셨고, 성부 하나님 우편에 앉아 계시며, 마지막 날에 세상을 심판하러 오시는 것입니다.

하나님의 아들께서 우리의 그리스도가 되시기 위해 자신을 높이셨습니다. 이것은 네 단계로 나눌 수 있습니다. 첫째, 3일 만에 부활하신 것입니다. 예수님의 부활은 수많은 증인이 목도한 역사적 사실입니다.(고전15:5-6) 둘째, 하늘로 올라가신 것입니다. 예수님은 부활한지 40일 만에 승천하셨고, 이 또한 제자들의 눈앞에서 이루어진 역사적 사실입니다.(눅24:50-51) 셋째, 하나님 우편에서 온 세상을 다스리는 것입니다. 하나님 우편이라 함은 최고의 영광과 능력의 자리를 의미합니다. 넷째, 장차 세상을 심판하러 다시 오시는 것입니다. 그리스도는 거룩한 천사들을 이끌고 다시 오셔서, 온 세상 사람들을 각 사람의 행위에 따라 정의롭게 심판하실 것입니다.

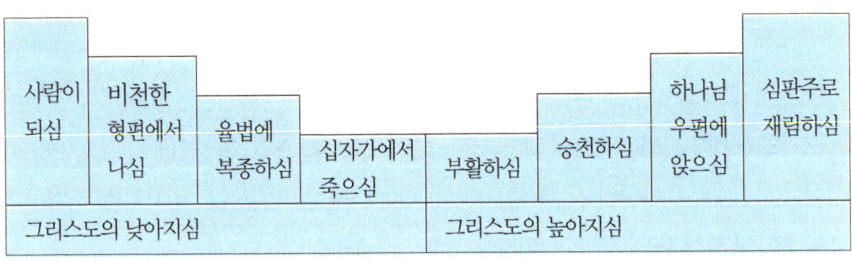

5. 핵심 정리

20문 : 하나님께서 한 구속자를 통해 우리와 은혜언약을 맺으셨습니다.
21문 : 우리의 구속자는 사람이신 동시에 하나님이어야 합니다.
22문 : 우리의 구속자이신 예수님은 사람이 되시기 위해 성령의 능력으로 처녀의 몸에서 나셨습니다.
23문 : 예수님은 우리의 구속자로서, 선지자, 제사장, 왕의 직분을 수행하셨습니다.

24문 : 예수님은 말씀과 성령으로 선지자직을 수행하십니다.
25문 : 예수님은 자기 몸으로 영원한 제사를 드리셨고, 지금은 하나님 우편에서 중보기도하심으로 제사장직을 수행하십니다.
26문 : 예수님은 우리를 복종시키시고, 다스리고 보호하시며, 원수를 제어하고 정복하심으로 왕직을 수행하십니다.
27문 : 예수님은 사람이 되시고, 십자가에서 죽으시고, 무덤에 묻히기까지 자신을 낮추셨습니다.
28문 : 예수님은 죽음에서 부활하시고, 하나님 우편에서 만물을 통치하시고, 심판하기 위해 다시 오시기까지 높아지셨습니다.

6. 근거 구절

20문 : 하나님께서는, 영원부터 오직 그분의 선하신 뜻대로 어떤 사람들을 영생에 이르도록 선택하셨고,

행 13:48 이방인들이 듣고 기뻐하여 하나님의 말씀을 찬송하며 영생을 주시기로 작정된 자는 다 믿더라.

엡 1:4-5 곧 창세전(創世前)에 그리스도 안에서 우리를 택하사 우리로 사랑 안에서 그 앞에 거룩하고 흠이 없게 하시려고 [5]기쁘신 뜻대로 우리를 예정하사 예수 그리스도로 말미암아 자기의 아들들이 되게 하셨으니.

딤후 1:9 하나님이 우리를 구원하사 거룩하신 부르심으로 부르심은 우리의 행위대로 하심이 아니요 오직 자기 뜻과 영원한 때 전부터 그리스도 예수 안에서 우리에게 주신 은혜대로 하심이라.

구속자로 말미암아 그들을 죄와 비참한 처지에서 건져 내어 구원의 지위에 이르게 하시려고 은혜 언약을 세우셨습니다.

창 3:15 내가 너로 여자와 원수가 되게 하고 너의 후손도 여자의 후손과 원수가 되게 하리니 여자의 후손은 네 머리를 상하게 할 것이요 너는 그의 발꿈치를 상하게 할 것이니라 하시고.

21문 : 하나님께서 선택하신 사람들의 구속자는 오직 주 예수 그리스도이십니다.

시 49:7-8 아무도 결코 그 형제를 구속(救贖)하지 못하며 저를 위하여 하나님께 속전(贖錢)을 바치지도 못할 것은 ^{8}저희 생명의 구속(救贖)이 너무 귀하며 영영히 못할 것임이라.

요 14:6 예수께서 가라사대 내가 곧 길이요 진리요 생명이니 나로 말미암지 않고는 아버지께로 올 자가 없느니라.

딤전 2:5-6 하나님은 한 분이시요 또 하나님과 사람 사이에 중보(中保)도 한 분이시니 곧 사람이신 그리스도 예수라. ^{6}그가 모든 사람을 위하여 자기를 속전(贖錢)으로 주셨으니 기약이 이르면 증거 할 것이라.

그분은 하나님의 영원한 아들로서

마 3:17 하늘로서 소리가 있어 말씀하시되 이는 내 사랑하는 아들이요 내 기뻐하는 자라 하시니라.

요 1:18 본래 하나님을 본 사람이 없으되 아버지 품속에 있는 독생하신 하나님이 나타내셨느니라.

사람이 되셨고,

마 1:23 보라 처녀가 잉태하여 아들을 낳을 것이요 그 이름은 임마누엘이라 하리라 하셨으니 이를 번역한즉 하나님이 우리와 함께 계시다 함이라.

요 1:14 말씀이 육신이 되어 우리 가운데 거하시매 우리가 그 영광을 보니 아버지의 독생자의 영광이요 은혜와 진리가 충만하더라.

갈 4:4 때가 차매 하나님이 그 아들을 보내사 여자에게서 나게 하시고 율법 아래 나게 하신 것은.

한 위(位)에 양성(兩性)을 가지신 하나님이시고 사람이셨으며, 지금도, 그리고 영원토록 그러하십니다.

골 2:9 그 안에는 신성의 모든 충만이 육체로 거하시고.

22문 : 하나님의 아들이신 그리스도께서는 성령의 능력으로 잉태되어

눅 1:35 천사가 대답하여 가로되 성령이 네게 임하시고 지극히 높으신 이의 능력이 너를 덮으시리니 이러므로 나실 바 거룩한 자는 하나님의 아들이라 일컬으리라.

동정녀 마리아의 몸에서 참몸과 지각 있는 영혼을 취하심으로 사람이 되셨습니다.

빌 2:6-7 그는 근본 하나님의 본체시나 하나님과 동등됨을 취할 것으로 여기지 아니하시고 ⁷오히려 자기를 비어 종의 형체를 가져 사람들과 같이 되었고.

히 2:14, 17 자녀들은 혈육에 함께 속하였으매 그도 또한 한 모양으로 혈육에 함께 속하심은 사망으로 말미암아 사망의 세력을 잡은 자 곧 마귀를 없이하시며 ¹⁷그러므로 저가 범사에 형제들과 같이 되심이 마땅하도다. 이는 하나님의 일에 자비하고 충성된 대제사장이 되어 백성의 죄를 구속(救贖)하려 하심이라.

또한 마리아에게서 태어나셨으나 죄는 없으십니다.

히 4:15 우리에게 있는 대제사장은 우리 연약함을 체휼(體恤)하지 아니하는 자가 아니요 모든 일에 우리와 한결같이 시험을 받은 자로되 죄는 없으시니라.

요일 3:5 그가 우리 죄를 없이 하려고 나타내신 바 된 것을 너희가 아나니 그에게는 죄가 없느니라.

23문 : 그리스도께서 우리의 구속자로서 선지자와 제사장과 왕의 직분을 낮아지고 높아지신 두 지위에서 행하십니다.

마 3:16 예수께서 세례를 받으시고 곧 물에서 올라오실새 하늘이 열리고 하나님의 성령이 비둘기같이 내려 자기 위에 임하심을 보시더니.

눅 4:18 주의 성령이 내게 임하셨으니 이는 가난한 자에게 복음을 전하게 하시려고 내게 기름을 부으시고 나를 보내사 포로 된 자에게 자유를, 눈먼 자에게 다시 보게 함을 전파하며 눌린 자를 자유케 하고.

24문 : 그리스도께서 선지자로서 우리를 구원하시려는 하나님의 뜻을 그분의 말씀과 성령으로 우리에게 계시하십니다.

요 1:18 본래 하나님을 본 사람이 없으되 아버지 품속에 있는 독생하신 하나님이 나타내셨느니라.

요 15:15 이제부터는 너희를 종이라 하지 아니하리니 종은 주인의 하는 것을 알지 못함이라. 너희를 친구라 하였노니 내가 내 아버지께 들은 것을 다 너희에게 알게 하였음이니라.

요 14:26 보혜사(保惠師) 곧 아버지께서 내 이름으로 보내실 성령 그가 너희에게 모든 것을 가르치시고 내가 너희에게 말한 모든 것을 생각나게 하시리라.

요 15:26-27 내가 아버지께로서 너희에게 보낼 보혜사(保惠師) 곧 아버지께로서 나오시는 진리의 성령이 오실 때에 그가 나를 증거하실 것이요 [27] 너희도 처음부터 나와 함께 있었으므로 증거하느니라.

25문 : 그리스도께서 제사장으로서 단번에 자신을 제물로 드려 하나님의 공의를 만족시키시고

히 10:12 오직 그리스도는 죄를 위하여 한 영원한 제사를 드리시고 하나님 우편에 앉으사.

요일 2:2 저는 우리 죄를 위한 화목제물이니 우리만 위할 뿐 아니요 온 세상의 죄를 위하심이라.

우리를 하나님과 화목하게 하셨으며,
롬 5:10-11 곧 우리가 원수 되었을 때에 그 아들의 죽으심으로 말미암아 하나님으로 더불어 화목되었은즉 화목된 자로서는 더욱 그의 살으심을 인하여 구원을 얻을 것이니라. [11]이뿐 아니라 이제 우리로 화목을 얻게 하신 우리 주 예수 그리스도로 말미암아 하나님 안에서 또한 즐거워하느니라.

또한 우리를 위하여 항상 간구하십니다.
롬 8:34 누가 정죄하리오? 죽으실 뿐 아니라 다시 살아나신 이는 그리스도 예수시니 그는 하나님 우편에 계신 자요 우리를 위하여 간구하시는 자시니라.

26문 : 그리스도께서는 왕으로서 우리를 자기에게 복종하게 하시고 우리를 다스리시고 보호하시며,
마 28:18-20 예수께서 나아와 일러 가라사대 하늘과 땅의 모든 권세를 내게 주셨으니 [19]그러므로 너희는 가서 모든 족속으로 제자를 삼아 아버지와 아들과 성령의 이름으로 세례를 주고 [20]내가 너희에게 분부한 모든 것을 가르쳐 지키게 하라. 볼지어다 내가 세상 끝 날까지 너희와 항상 함께 있으리라 하시니라.
요 17:2 아버지께서 아들에게 주신 모든 자에게 영생을 주게 하시려고 만민을 다스리는 권세를 아늘에게 수셨음이로소이다.

그분의 모든 원수들, 곧 우리 원수들을 제어하시고 정복하십니다.
고전 15:25-26 저가 모든 원수를 그 발아래 둘 때까지 불가불 왕 노릇 하시리니 [26]맨 나중에 멸망받을 원수는 사망이니라.

계 19:15-16 그의 입에서 이한 검이 나오니 그것으로 만국을 치겠고 친히 저희를 철장으로 다스리며 또 친히 하나님 곧 전능하신 이의 맹렬한 진노의 포도주 틀을 밟겠고 [16]그 옷과 그 다리에 이름 쓴 것이 있으니 만왕의 왕이요 만주의 주라 하였더라.

27문 : 그리스도의 낮아지심은 그분이 강생(降生)하시되 그처럼 비천한 형편에 태어나셨고
눅 2:7 맏아들을 낳아 강보(襁褓)로 싸서 구유에 뉘었으니 이는 사관(舍館)에 있을 곳이 없음이러라.

율법 아래 나셨으며,
갈 4:4 때가 차매 하나님이 그 아들을 보내사 여자에게서 나게 하시고 율법 아래 나게 하신 것은.

이 세상에서 여러 가지 비참함을 겪다가
사 53:3 그는 멸시를 받아서 사람에게 싫어버린 바 되었으며 간고(艱苦)를 많이 겪었으며 질고(疾苦)를 아는 자라 마치 사람들에게 얼굴을 가리우고 보지 않음을 받는 자 같아서 멸시를 당하였고 우리도 그를 귀히 여기지 아니하였도다.
눅 9:58 예수께서 가라사대 여우도 굴이 있고 공중의 새도 집이 있으되 인자는 머리 둘 곳이 없도다 하시고.
요 11:35 예수께서 눈물을 흘리시더라.

하나님의 진노와
마 27:46 제 구시 즈음에 예수께서 크게 소리 질러 가라사대 엘리 엘리 라마 사박다니 하시니 이는 곧 나의 하나님, 나의 하나님, 어찌하여 나를 버리셨나이까 하는 뜻이라.

십자가의 저주의 죽음을 받으셨고,

갈 3:13 그리스도께서 우리를 위하여 저주를 받은 바 되사 율법의 저주에서 우리를 속량(贖良)하셨으니 기록된 바 나무에 달린 자마다 저주 아래 있는 자라 하였음이라.

빌 2:8 사람의 모양으로 나타나셨으매 자기를 낮추시고 죽기까지 복종하셨으니 곧 십자가에 죽으심이라.

장사되셔서

마 27:59-60 요셉이 시체를 가져다가 정(精)한 세마포(細麻布)로 싸서 60바위 속에 판 자기 새 무덤에 넣어 두고 큰 돌을 굴려 무덤 문에 놓고 가니.

고전 15:3-4 내가 받은 것을 먼저 너희에게 전하였노니 이는 성경대로 그리스도께서 우리 죄를 위하여 죽으시고 4장사 지낸 바 되었다가 성경대로 사흘 만에 다시 살아나사.

얼마 동안 죽음의 권세 아래 거하신 것입니다.

마 12:40 요나가 밤낮 사흘을 큰 물고기 뱃속에 있었던 것같이 인자도 밤낮 사흘을 땅속에 있으리라.

28문 : 그리스도의 높아지심은 그분이 사흘날에 죽은 자들 가운데서 부활하셨고,

고전 15:4 장사 지낸 바 되었다가 성경대로 사흘 만에 다시 살아나사.

계 1:18 곧 산 자라. 내가 전에 죽었었노라. 볼지어다. 이제 세세토록 살아 있어 사망과 음부의 열쇠를 가졌노니.

하늘에 오르셨고,

행 1:11 가로되 갈릴리 사람들아 어찌하여 서서 하늘을 쳐다보느냐? 너희 가운데서 하늘로 올리우신 이 예수는 하늘로 가심을 본 그대로 오시리라 하였느니라.

성부 하나님 우편에 앉아 계시며,

히 1:3 이는 하나님의 영광의 광채시요 그 본체의 형상이시라. 그의 능력의 말씀으로 만물을 붙드시며 죄를 정결케 하는 일을 하시고 높은 곳에 계신 위엄의 우편에 앉으셨느니라.

마지막 날에 세상을 심판하러 오시는 것입니다.

마 16:27 인자가 아버지의 영광으로 그 천사들과 함께 오리니 그때에 각 사람의 행한 대로 갚으리라.

5주차

제29-33문 성령의 적용 사역(1)

1. 서론

20-38문은 죄와 비참의 처지에 빠진 우리를 구원하기 위해 삼위 하나님께서 하신 일을 설명합니다. 그중에서 29-33문은 성령에 대한 부분입니다. 성부께서 예정하시고, 성자께서 이루신 구원이 우리에게 적용되는 것은, 성령의 적용 사역 때문입니다. 성령께서는 우리를 '효과적인 부르심'으로 부르셔서, 칭의, 양자됨, 성화에 참여하게 하십니다.

2. 구조

하나님에 대하여 믿을 것은 무엇인가? (4-38문)	하나님은 어떤 분인가?(4-6문)	
	하나님께서 하신 일은 무엇인가?(7-38문)	하나님의 작정과 섭리(7-12문)
		인간의 죄와 타락(13-19문)
		성부의 예정 사역(20문)
		그리스도의 구속 사역(21-28문)
		성령의 적용 사역(29-38문)
하나님께서 사람에게 요구하시는 본분은 무엇인가?(39-107문)		

3. 소요리문답

29문 : 우리가 어떻게 그리스도의 값 주고 사신 구속(救贖)에 참여하는 사람이 됩니까?
    답 : 그리스도의 성령께서 그 구속을 우리에게 효력 있게 적용하여 주심으로 우리는 그리스도의 값 주고 사신 구속에 참여하는 사람이 됩니다.

30문 : 그리스도의 값 주고 사신 구속을 성령께서 우리에게 어떻게 적용하십니까?
    답 : 성령께서는 우리를 효력 있는 부르심으로 부르셔서 우리 안에 믿음을 일으켜 주시

고 그리스도와 연합하게 하심으로 그리스도의 값 주고 사신 구속을 우리에게 적용하여 주십니다.

31문 : 효력 있는 부르심이 무엇입니까?

답 : 효력 있는 부르심은 하나님의 성령께서 하시는 일로서, 우리의 죄와 비참함을 깨닫게 하시고, 우리의 마음을 밝게 하여 그리스도를 알게 하시고, 우리의 의지를 새롭게 하셔서, 우리로 하여금 복음 가운데 값없이 주시는 예수 그리스도를 영접하도록 우리를 설복(說服)하여 믿게 하시는 것입니다.

32문 : 효력 있는 부르심을 받은 사람들이 이생에서 무슨 유익을 얻습니까?

답 : 효력 있는 부르심을 받은 사람들은 이생에서 의롭다 하심과 양자(養子)로 삼으심과 거룩하게 하심을 얻고, 또한 그것들과 함께 오거나 그것들에서 나오는 유익을 얻습니다.

33문 : 의롭다 하심이 무엇입니까?

답 : 의롭다 하심은 하나님께서 값없이 주시는 은혜의 행위이고, 이로써 그분이 우리의 모든 죄를 용서하시고 우리를 자기 앞에서 의롭다고 여겨 주십니다. 이것은 오직 그리스도의 의를 우리에게 돌려주시는 일이고, 우리는 오직 믿음으로 받습니다.

4. 핵심 해설

29문답 : 우리가 어떻게 그리스도의 값 주고 사신 구속(救贖)에 참여하는 사람이 됩니까? 그리스도의 성령께서 그 구속을 우리에게 효력 있게 적용하여 주심으로 우리는 그리스도의 값 주고 사신 구속에 참여하는 사람이 됩니다.

성령의 적용 사역을 통해, 그리스도께서 이루신 구원에 참여하게 됩니다. 여기서 적용이란 실제 우리의 것이 되도록 한다는 뜻입니다. 예를 들어 엄마가 아이에게 줄 사탕을 샀다고 가정해 봅시다. 사탕이 엄마의 가방이 들어 있는 동안, 그 사탕은 아이의 것이 아닙니다. 아빠가 엄마의 가방에서 사탕을 꺼내어 아이의 입에 넣어 줄 때, 비로소 그 사탕은 온전히 아이의 것이 됩니다. 이때 아빠의 행동을, 아이에게 사탕을 '적용'했다고 할 수 있습니다. 이와 같이 그리스도께서 이루신 구원이 실제 우리의 것이 되는 것은, 성령께서 그것을 우리에게 적용해 주실 때입니다.

	고유한 사역	이루어진 시간
성부 하나님	구원 받을 자를 '예정하심'	창세 전
성자 하나님	예정된 자들의 구원을 '이루심'	십자가 사건 때
성령 하나님	성자께서 이루신 구원을 예정된 자들에게 '적용하심'	우리가 믿을 때

30문답 : 그리스도의 값 주고 사신 구속을 성령께서 우리에게 어떻게 적용하십니까? 성령께서 우리를 효력 있는 부르심으로 부르셔서 우리 안에 믿음을 일으켜 주시고 그리스도와 연합하게 하심으로 그리스도의 값 주고 사신 구속을 우리에게 적용하여 주십니다.

성령님은 믿음을 통해 그리스도께서 이루신 구원을 우리에게 적용하십니다. 믿음은 바라보는 것이라 할 수 있습니다. 예를 들어 물에 빠진 사람은 구명조끼만 간절히 바라볼 것입니다. 그와 같이 예수님만 바라보며, 예수님께 도움을 구하는 것을 믿음이라 합니다. 믿음은 또한 빨대와 같습니다. 빨대를 통해 음료가 우리 입으로 들어오듯, 믿음을 통해 그리스도의 공로가 우리에게 적용됩니다. 그리스도를 믿는 성도는, 그리스도와 신비한 '영적 연합'을 이룹니다.(롬6:3-4) 그리하여 그리스도의 공로, 그리스도의 의로움, 그리스도의 죽음과 부활, 이 모든 것이 우리의 것이 됩니다.

31문답 : 효력 있는 부르심이 무엇입니까? 효력 있는 부르심은 하나님의 성령께서 하시는 일로서, 우리의 죄와 비참함을 깨닫게 하시고, 우리의 마음을 밝게 하여 그리스도를 알게 하시고, 우리의 의지를 새롭게 하셔서, 우리로 하여금 복음 가운데 값없이 주시는 예수 그리스도를 영접하도록 우리를 설복(說服)하여 믿게 하시는 것입니다.

성령님은 우리가 죄인이라는 것과, 하나님께 심판 받아 마땅한 존재라는 것을 깨닫게 하심으로, 우리가 그리스도를 믿게 하십니다. 그리하여 우리의 공로와 행위를 의지하지 않고, 오직 그리스도께만 도움을 청하도록 하십니다. 성령께서 우리를 그리스도께로 인도하는 것을 내적인 부르심 또는 효력 있는 부르심이라고 합니다. 내적인 부르심을 효력 있는 부르심이라고 하는 이유는, 외적인 부르심과 달리 항상 효력을 내기 때문입니다.

	주체	대상	결과
외적인 부르심	교회의 전도 활동	모든 사람	항상 효력 있지 않음
내적인 부르심	성령의 역사	택함 받은 사람	반드시 효력을 냄

32문답 : 효력 있는 부르심을 받은 사람들이 이생에서 무슨 유익을 얻습니까? 효력 있는 부르심을 받은 사람들은 이생에서 의롭다 하심과 양자(養子)로 삼으심과 거룩하게 하심을 얻고, 또한 그것들과 함께 오거나 그것들에서 나오는 유익을 얻습니다.

효력 있는 부르심을 받은 자들은 칭의와 양자됨과 성화에 참여하게 됩니다. 칭의란 더 이상 하나님의 영원한 징벌을 받지 않아도 된다는 법적인 무죄 선고입니다. 양자됨이란 하나님의 양자로 입양되는 신분의 변화입니다. 성화란 우리의 생각과 말과 행동이 실제로 거룩해지는 변화입니다.

33문답 : 의롭다 하심이 무엇입니까? 의롭다 하심은 하나님께서 값없이 주시는 은혜의 행위이고, 이로써 그분이 우리의 모든 죄를 용서하시고 우리를 자기 앞에서 의롭다고 여겨 주십니다. 이것은 오직 그리스도의 의를 우리에게 돌려주시는 일이고, 우리는 오직 믿음으로 받습니다.

의롭다 하심 즉, 칭의는 재판장이신 하나님께서 선택받은 죄인들을 무죄라고 판결하시는 법적인 선언입니다. 하나님께서 죄인을 의인이라고 선언하시는 근거는 예수님께 있습니다. 하나님께서 예수님 때문에 선택받은 죄인들을 의인으로 보십니다. 이것은 '이중 전가' 때문에 가능합니다. '전가(轉嫁)'란 잘못이나 책임 등을 남에게 덮어씌운다는 뜻입니다. 하나님은 우리의 죄는 예수님께 전가하셨고, 예수님의 의로움은 우리에게 전가하셨습니다. 예수님께서 십자가에 못 박힌 것은 우리의 죄를 전가 받았기 때문이고, 우리가 의롭게 된 것은 예수님의 의로움을 전가 받았기 때문입니다.

이중 전가	
우리의 죄가 그리스도에게 전가 됨 ⇨ 심판을 면함	하나님이 죄를 알지도 못하신 이를 우리를 대신하여 죄로 삼으신 것은 우리로 하여금 그 안에서 하나님의 의가 되게 하려 하심이라(고후5:21)
그리스도의 의가 우리에게 전가 됨 ⇨ 천국백성의 자격을 얻음	

5. 핵심 정리

29문: 성령님께서 그리스도의 구원을 적용해 주십니다.
30문: 성령님께서 주신 믿음을 통해, 그리스도의 구원이 적용됩니다.
31문: 성령님께서 우리의 죄와 비참을 보게 하심으로, 그리스도를 믿게 하십니다.
32문: 성령님께서 효력 있게 부르신 자들은 칭의되고, 양자되고, 성화됩니다.
33문: 칭의란 하나님께서 우리를 그리스도 때문에 의롭다 하시는 것입니다.

6. 근거 구절

29문 : 그리스도의 성령께서 그 구속을 우리에게 효력 있게 적용하여 주심으로 우리는 그리스도의 값 주고 사신 구속에 참여하는 사람이 됩니다.

슥 4:6 그가 내게 일러 가로되 여호와께서 스룹바벨에게 하신 말씀이 이러하니라. 만군의 여호와께서 말씀하시되 이는 힘으로 되지 아니 하며 능으로 되지 아니하고 오직 나의 신으로 되느니라.

딛 3:4-7 우리 구주 하나님의 자비와 사람 사랑하심을 나타내실 때에 [5]우리를 구원하시되 우리의 행한 바 의로운 행위로 말미암지 아니하고 오직 그의 긍휼하심을 좇아 중생의 씻음과 성령의 새롭게 하심으로 하셨나니 [6]성령을 우리 구주 예수 그리스도로 말미암아 우리에게 풍성히 부어 주사 [7]우리로 저의 은혜를 힘입어 의롭다 하심을 얻어 영생의 소망을 따라 후사(後嗣)가 되게 하려 하심이라.

30문 : 성령께서는 우리를 효력 있는 부르심으로 부르셔서 우리 안에 믿음을 일으켜 주시고

고전 2:12-16 우리가 세상의 영을 받지 아니하고 오직 하나님께로 온 영을 받았으니 이는 우리로 하여금 하나님께서 우리에게 은혜로 주신 것들을 알게 하려 하심이라. [13]우리가 이것을 말하거니와 사람의 지혜의 가르친 말로 아니하고 오직 성령의 가르치신 것으로 하니 신령한 일은 신령한 것으로 분별하느니라. [14]육에 속한 사람은 하나님의 성령의 일을 받지 아니하나니 저희에게는 미련하게 보임이요 또 깨닫지도 못하나니 이런 일은 영적으로라야 분변함이니라. [15]신령한 자는 모든 것을 판단하나 자기는 아무에게도 판단을 받지 아니하느니라. [16]누가 주의 마음을 알아서 주를 가르치겠느냐? 그러나 우리가 그리스도의 마음을 가졌느니라.

그리스도와 연합하게 하심으로 그리스도의 값 주고 사신 구속을 우리에게 적용하여 주십니다.

요 15:5 나는 포도나무요 너희는 가지니 저가 내 안에, 내가 저 안에 있으면 이 사람은 과실을 많이 맺나니 나를 떠나서는 너희가 아무 것도 할 수 없음이라.

엡 4:15-16 오직 사랑 안에서 참된 것을 하여 범사에 그에게까지 자랄지라 그는 머리니 곧 그리스도라. [16]그에게서 온 몸이 각 마디를 통하여 도움을 입음으로 연락(聯絡)하고 상합(相合)하여 각 지체(肢體)의 분량대로 역사(役事)하여 그 몸을 자라게 하며 사랑 안에서 스스로 세우느니라.

31문 : 효력 있는 부르심은 하나님의 성령께서 하시는 일로서,

살후 2:13-14 주의 사랑하시는 형제들아 우리가 항상 너희를 위하여 마땅히 하나님께 감사할 것은 하나님이 처음부터 너희를 택하사 성령의 거룩하게 하심과 진리를 믿음으로 구원을 얻게 하심이니 [14]이를 위하여 우리 복음으로 너희를 부르사 우리 주 예수 그리스도의 영광을 얻게 하려 하심이니라.

우리의 죄와 비참함을 깨닫게 하시고,

행 2:37 저희가 이 말을 듣고 마음에 찔려 베드로와 다른 사도들에게 물어 가로되 형제들아 우리가 어찌할꼬 하거늘.

우리의 마음을 밝게 하여 그리스도를 알게 하시고,

고전 2:10, 12 오직 하나님이 성령으로 이것을 우리에게 보이셨으니 성령은 모든 것 곧 하나님의 깊은 것이라도 통달하시느니라. [12]우리가 세상의 영을 받지 아니하고 오직 하나님께로 온 영을 받았으니 이는 우리로 하여금 하나님께서 우리에게 은혜로 주신 것들을 알게 하려 하심이라.

우리의 의지를 새롭게 하셔서,

겔 36:26-27 또 새 영을 너희 속에 두고 새 마음을 너희에게 주되 너희 육신에서 굳은 마음을 제하고 부드러운 마음을 줄 것이며 [27]또 내 신을 너희 속에 두어 너희로 내 율례를 행하게 하리니 너희가 내 규례를 지켜 행할지라.

딛 3:5 우리를 구원하시되 우리의 행한 바 의로운 행위로 말미암지 아니하고 오직 그의 긍휼하심을 좇아 중생의 씻음과 성령의 새롭게 하심으로 하셨나니.

우리로 하여금 복음 가운데 값없이 주시는 예수 그리스도를 영접하도록

계 22:17 성령과 신부가 말씀하시기를 오라 하시는도다. 듣는 자도 오라 할 것이요 목마른 자도 올 것이요 또 원하는 자는 값없이 생명수를 받으라 하시더라.

우리를 설복(說服)하여 믿게 하시는 것입니다.

요 6:44-45 나를 보내신 아버지께서 이끌지 아니하면 아무라도 내게 올 수 없으니 오는 그를 내가 마지막 날에 다시 살리리라. [45]선지자의 글에 저희가 다 하나님의 가르치심을 받으리라 기록되었은즉 아버지께 들고 배운 사람마다 내게로 오느니라.

행 16:14 두아디라 성의 자주(紫紬) 장사로서 하나님을 공경하는 루디아라 하는 한 여자가 들었는데 주께서 그 마음을 열어 바울의 말을 청종하게 하신지라.

32문 : 효력 있는 부르심을 받은 사람들은 이생에서 의롭다 하심과 양자(養子)로 삼으심과 거룩하게 하심을 얻고, 또한 그것들과 함께 오거나 그것들에서 나오는 유익을 얻습니다.

롬 8:30 또 미리 정하신 그들을 또한 부르시고 부르신 그들을 또한 의롭다 하시고 의롭다 하신 그들을 또한 영화롭게 하셨느니라.

엡 1:5 그 기쁘신 뜻대로 우리를 예정하사 예수 그리스도로 말미암아 자기의 아들들이 되게 하셨으니.

33문 : 의롭다 하심은 하나님께서 값없이 주시는 은혜의 행위이고,

롬 3:24 그리스도 예수 안에 있는 구속(救贖)으로 말미암아 하나님의 은혜로 값없이 의롭다 하심을 얻은 자 되었느니라.

이로써 그분이 우리의 모든 죄를 용서하시고

롬 4:6-8 일한 것이 없이 하나님께 의로 여기심을 받는 사람의 행복에 대하여 다윗의 말한 바 ⁷그 불법을 사하심을 받고 그 죄를 가리우심을 받는 자는 복이 있고 ⁸주께서 그 죄를 인정치 아니하실 사람은 복이 있도다 함과 같으니라.

고후 5:19 이는 하나님께서 그리스도 안에 계시사 세상을 자기와 화목하게 하시며 저희의 죄를 저희에게 돌리지 아니하시고 화목하게 하는 말씀을 우리에게 부탁하셨느니라.

우리를 자기 앞에서 의롭다고 여겨 주십니다.

고후 5:21 하나님이 죄를 알지도 못하신 자로 우리를 대신하여 죄를 삼으신 것은 우리로 하여금 저의 안에서 하나님의 의가 되게 하려 하심이니라.

이것은 오직 그리스도의 의를 우리에게 돌려주시는 일이고,

롬 5:19 한 사람의 순종치 아니함으로 많은 사람이 죄인 된 것같이 한 사람의 순종하심으로 많은 사람이 의인이 되리라.

우리는 오직 믿음으로 받습니다.

갈 2:16 사람이 의롭게 되는 것은 율법의 행위에서 난 것이 아니요 오직 예수 그리스도를 믿음으로 말미암는 줄 아는 고로 우리도 그리스도 예수를 믿나니 이는 우리가 율법의 행위에서 아니고 그리스도를 믿음으로써 의롭다 함을 얻으려 함이라. 율법의 행위로써는 의롭다 함을 얻을 육체가 없느니라.

빌 3:9 그 안에서 발견되려 함이니 내가 가진 의는 율법에서 난 것이 아니요 오직 그리스도를 믿음으로 말미암은 것이니 곧 믿음으로 하나님께로서 난 의라.

6주차

제34-38문 성령의 적용 사역(2)

1. 서론

성령님은 우리에게 구원을 적용하실 뿐만 아니라, 구원이 완성되는 날까지 견디도록 도우십니다. 우리가 기쁨으로 신앙생활을 하고, 중도에 포기하지 않을 수 있는 것은 성령님께서 우리 안에서 역사하신 결과입니다.

2. 구조

하나님에 대하여 믿을 것은 무엇인가? (4-38문)	하나님은 어떤 분인가?(4-6문)		
	하나님께서 하신 일은 무엇인가?(7-38문)	하나님의 작정과 섭리(7-12문)	
		인간의 죄와 타락(13-19문)	
		성부의 예정 사역(20문)	
		그리스도의 구속 사역(21-28문)	
		성령의 적용 사역(29-38문)	
하나님께서 사람에게 요구하시는 본분은 무엇인가?(39-107문)			

3. 소요리문답

34문 : 양자로 삼으심이 무엇입니까?

답 : 양자로 삼으심은 하나님께서 값없이 주시는 은혜의 행위이고, 이로써 우리가 하나님의 자녀의 수에 들게 되고 자녀의 모든 특권을 누릴 수 있게 됩니다.

35문 : 거룩하게 하심이 무엇입니까?

답 : 거룩하게 하심은 하나님께서 값없이 주시는 은혜의 행위이고, 이로써 우리가 하나님의 형상을 좇아 온전히 새사람이 되고, 점점 더 죄에 대하여 죽고 의에 대하여 살게 됩니다.

36문 : 의롭다 하심과 양자로 삼으심과 거룩하게 하심과 함께 오거나 그것들에서 나오는 이생의 유익은 무엇입니까?

답 : 의롭다 하심과 양자로 삼으심과 거룩하게 하심과 함께 오거나 그것들에서 나오는 이생의 유익은 하나님의 사랑을 확신함과 양심의 평안과 성령 안에서 누리는 기쁨과 은혜의 많아짐과 은혜 가운데서 끝까지 견디는 것입니다.

37문 : 신자가 죽을 때에 그리스도에게서 무슨 유익을 받습니까?

답 : 신자는 죽을 때에 그의 영혼이 완전히 거룩하게 되어 즉시 영광에 들어가고, 그의 몸은 여전히 그리스도에게 연합되어 부활할 때까지 무덤에서 쉽니다.

38문 : 신자가 부활할 때에 그리스도에게서 무슨 유익을 받습니까?

답 : 신자는 부활할 때에 영광 중에 일으킴을 받고, 심판 날에 공적으로 인정되고 죄 없다 함을 얻으며, 영원토록 하나님을 충만하게 즐거워하면서 완전한 복을 누릴 것입니다.

4. 핵심 해설

34문답 : 양자로 삼으심이 무엇입니까? 양자로 삼으심은 하나님께서 값없이 주시는 은혜의 행위이고, 이로써 우리가 하나님의 자녀의 수에 들게 되고 자녀의 모든 특권을 누릴 수 있게 됩니다.

양자됨이란 마귀의 자녀였던 우리가(요8:44), 그리스도를 믿는 믿음 안에서 하나님의 자녀로 신분이 변화되는 것입니다.(요1:12) 이것은 하나님께서 그리스도 때문에 거저 주시는 은혜입니다. 양자가 된 자들은 하나님의 부성(父性)적 보호와 징계, 그리고 일용할 양식을 공급받으며, 하나님을 아버지라고 담대히 부를 수 있게 됩니다.(롬8:15) 하지만 그리스도의 아들 되심과 우리의 아들 됨은 다릅니다. 그리스도는 성부와 본질이 동일한 유일한 아들이시고, 우리는 그리스도 때문에 하나님의 양자로 입양된 자들입니다.

35문답 : 거룩하게 하심이 무엇입니까? 거룩하게 하심은 하나님께서 값없이 주시는 은혜의 행위이고, 이로써 우리가 하나님의 형상을 좇아 온전히 새사람이 되고, 점점 더 죄에 대하여 죽고 의에 대하여 살게 됩니다.

거룩하게 하심 즉, 성화는, 칭의 또는 양자됨과 다릅니다. 앞의 두 가지는 그리스도를 믿는 즉시 일어나며 처음부터 완전한 것이지만, 성화는 평생에 걸쳐 진행되며 완전을 향해 점차 나아가는 것입니다. 앞의 두 가지는 법적이고 관계적인 변화이지만, 성화는 실제적인 변화입니다. 성화의 은혜를 받으면 두 부분에서 변화가 발생합니다. 하나는 점점 죄를 미워하게 되는 것이고, 또 하나는 점점 선을 사랑하게 되는 것입니다.

	변화의 내용	변화의 정도	변화의 주체
칭의	신분의 변화	처음부터 완전함	하나님의 사역
양자됨	관계의 변화	처음부터 완전함	하나님의 사역
성화	질적인 변화	평생에 걸쳐 진행되고, 사람마다 다르며, 이생에서는 항상 불완전함	하나님과 우리의 협동 사역

36문답 : 의롭다 하심과 양자로 삼으심과 거룩하게 하심과 함께 오거나 그것들에서 나오는 이생의 유익은 무엇입니까? 의롭다 하심과 양자로 삼으심과 거룩하게 하심과 함께 오거나 그것들에서 나오는 이생의 유익은 하나님의 사랑을 확신함과 양심의 편안과 성령 안에서 누리는 기쁨과 은혜의 많아짐과 은혜 가운데서 끝까지 견디는 것입니다.

성령님의 적용 사역을 통해 칭의, 양자됨, 성화의 은혜를 받은 성도들은 이 세상에서 다음과 같은 은혜를 누립니다. 첫째, '구원의 확신'입니다. 성령님은 우리들로 하여금, 하나님의 사랑을 신뢰하게 하시고(롬5:5), 양심의 평안(롬5:1)을 누리게 하시며, 신령한 기쁨을 누리게 하시고(롬14:17), 영적으로 성장하게 하셔서(벧후3:18), 고난 중에서도 구원을 확신하게 하십니다. 둘째, '성도의 견인'입니다. 견인이란 구원 역사를 시작하신 하나님께서 이를 끝까지 이루셔서 마침내 구원의 완성에 이르게 하시는 것입니다.(빌1:6)

	구원 받은 성도가 이 세상에서 누리는 복
1. 구원의 확신	하나님의 사랑을 확신하는 복
	양심의 평안을 누리는 복
	성령 안에서 기뻐하는 복
	영적으로 성장하는 복
2. 성도의 견인	반드시 구원에 이르는 복

37문답 : 신자가 죽을 때에 그리스도에게서 무슨 유익을 받습니까? 신자는 죽을 때에 그의 영혼이 완전히 거룩하게 되어 즉시 영광에 들어가고, 그의 몸은 여전히 그리스도에게 연합되어 부활할 때까지 무덤에서 쉽니다.

성령님의 적용 사역을 통해 칭의, 양자됨, 성화의 은혜를 받은 성도들은 죽을 때도 복을 받습니다. 그리스도께서 십자가에 달리셨을 때, 우편의 강도에게 이렇게 말씀하셨습니다. "오늘 네가 나와 함께 낙원에 있으리라."(눅23:43) 이처럼 성도의 영혼은 죽는 즉시 완전히 거룩하게 되어 그리스도께서 계신 곳으로 갑니다.(빌1:23) 몸도 마찬가지입니다. 비록 땅에 묻혀있을지라도 그리스도와 단절되지 않습니다. 데살로니가전서 4장 14절은 죽어 장사된 성도들을 "예수 안에서 자는 자들"이라고 말합니다. 죽었을지라도 여전히 예수님과 연합되어 있다는 뜻입니다. 성도들의 몸은 여전히 예수님과 연합된 상태로 부활의 날까지 무덤에서 쉽니다.

죽음의 종류	
1. 영적인 죽음	그는 허물과 죄로 죽었던 너희를 살리셨도다(엡2:1)
2. 육체의 죽음	너는 흙이니 흙으로 돌아갈 것이니라(창3:19)
3. 영원한 죽음	그러나 두려워하는 자들과 믿지 아니하는 자들과 흉악한 자들과 살인자들과 음행하는 자들과 점술가들과 우상 숭배자들과 거짓말하는 모든 자들은 불과 유황으로 타는 못에 던져지리니 이것이 둘째 사망이라(계21:8)

38문답 : 신자가 부활할 때에 그리스도에게서 무슨 유익을 받습니까? 신자는 부활할 때에 영광 중에 일으킴을 받고, 심판 날에 공적으로 인정되고 죄 없다 함을 얻으며, 영원토록 하나님을 충만하게 즐거워하면서 완전한 복을 누릴 것입니다.

무덤에서 쉬고 있던 성도의 몸은 예수님이 재림하실 때 다시 영혼과 연합합니다. 이것을 부활이라고 합니다. 부활은 소생과 다릅니다. '소생'은 죽을 몸으로 다시 사는 것이고, '부활'은 죽지 않을 몸으로 다시 사는 것입니다. 예를 들어 나사로가 다시 산 것은 부활이 아니라 소생입니다. 그리고 부활의 몸은 더 이상 죄를 지을 수 없는 몸입니다. 부활을 통해 성화가 완성되고, 완전히 거룩한 영화의 상태에 들어가기 때문입니다. 우리는 이렇게 영광스러운 부활의 몸으로 새 하늘과 새 땅에서, 삼위일체 하나님과 함께 영원한 기쁨을 누리며 살게 될 것입니다.(계21:1-4)

5. 핵심 정리

34문 : 양자됨이란 하나님께서 우리를 그리스도 때문에 자녀 삼으시는 것입니다.
35문 : 성화란 하나님께서 우리를 실제 거룩한 사람으로 변화시키는 것입니다.
36문 : 구원 받은 성도는 이 세상에서 '구원의 확신'과 '성도의 견인'의 은혜를 누립니다.
37문 : 구원 받은 성도가 죽을 때, 영혼은 그리스도 곁으로 가고, 몸은 무덤에서 쉽니다.
38문 : 구원 받은 성도는 부활할 때 영광스런 몸으로 되살아나 하나님과 영원히 거하게 됩니다.

6. 근거 구절

34문 : 양자로 삼으심은 하나님께서 값없이 주시는 은혜의 행위이고,

요일 3:1 보라 아버지께서 어떠한 사랑을 우리에게 주사 하나님의 자녀라 일컬음을 얻게 하셨는고! 우리가 그러하도다. 그러므로 세상이 우리를 알지 못함은 그를 알지 못함이니라.

이로써 우리가 하나님의 자녀의 수에 들게 되고 자녀의 모든 특권을 누릴 수 있게 됩니다.

요 1:12 영접하는 자 곧 그 이름을 믿는 자들에게는 하나님의 자녀가 되는 권세를 주셨으니.

35문: 거룩하게 하심은 하나님께서 값없이 주시는 은혜의 행위이고,

겔 36:27 또 내 신을 너희 속에 두어 너희로 내 율례를 행하게 하리니 너희가 내 규례를 지켜 행할지라.

빌 2:13 너희 안에서 행하시는 이는 하나님이시니 자기의 기쁘신 뜻을 위하여 너희로 소원을 두고 행하게 하시나니.

이로써 우리가 하나님의 형상을 좇아 온전히 새사람이 되고,

고후 5:17 그런즉 누구든지 그리스도 안에 있으면 새로운 피조물이라. 이전 것은 지나갔으니 보라 새것이 되었도다.

점점 더 죄에 대하여 죽고 의에 대하여 살게 됩니다.

롬 8:4 육신을 좇지 않고 그 영을 좇아 행하는 우리에게 율법의 요구를 이루어지게 하려 하심이니라.

36문 : 의롭다 하심과 양자로 삼으심과 거룩하게 하심과 함께 오거나 그것들에서 나오는 이생의 유익은 하나님의 사랑을 확신함과

롬 8:35, 38-39 누가 우리를 그리스도의 사랑에서 끊으리오? 환난이나 곤고나 핍박이나 기근이나 적신(赤身)이나 위협이나 칼이랴? ³⁸내가 확신하노니 사망이나 생명이나 천사들이나 권세자들이나 현재 일이나 장래 일이나 능력이나 ³⁹높음이나 깊음이나 다른 아무 피조물이라도 우리를 우리 주 그리스도 예수 안에 있는 하나님의 사랑에서 끊을 수 없으리라.

양심의 평안과
롬 5:1 그러므로 우리가 믿음으로 의롭다 하심을 얻었은즉 우리 주 예수 그리스도로 말미암아 하나님으로 더불어 화평을 누리자.

성령 안에서 누리는 기쁨과
롬 14:17 하나님의 나라는 먹는 것과 마시는 것이 아니요 오직 성령 안에서 의와 평강과 희락이라.

은혜의 많아짐과
잠 4:18 의인의 길은 돋는 햇볕 같아서 점점 빛나서 원만한 광명에 이르거니와.

은혜 가운데서 끝까지 견디는 것입니다.
요 10:28-29 내가 저희에게 영생을 주노니 영원히 멸망치 아니할 터이요 또 저희를 내 손에서 빼앗을 자가 없느니라. ²⁹저희를 주신 내 아버지는 만유보다 크시매 아무도 아버지 손에서 빼앗을 수 없느니라.
벧전 1:5 너희가 말세에 나타내기로 예비하신 구원을 얻기 위하여 믿음으로 말미암아 하나님의 능력으로 보호하심을 입었나니.

37문 : 신자는 죽을 때에 그의 영혼이 완전히 거룩하게 되어

히 12:23 하늘에 기록한 장자(長子)들의 총회와 교회와 만민의 심판자이신 하나님과 및 온전케 된 의인의 영들과.

즉시 영광에 들어가고,

눅 23:43 예수께서 이르시되 내가 진실로 네게 이르노니 오늘 네가 나와 함께 낙원에 있으리라 하시니라.

그의 몸은 여전히 그리스도에게 연합되어

살전 4:14 우리가 예수의 죽었다가 다시 사심을 믿을진대 이와 같이 예수 안에서 자는 자들도 하나님이 저와 함께 데리고 오시리라.

부활할 때까지 무덤에서 쉽니다.

사 57:1-2 의인이 죽을지라도 마음에 두는 자가 없고 자비한 자들이 취하여 감을 입을지라도 그 의인은 화액 전에 취하여 감을 입은 것인 줄로 깨닫는 자가 없도다. [2]그는 평안에 들어갔나니 무릇 정로로 행하는 자는 자기들의 침상에서 편히 쉬느니라.

38문 : 신자는 부활할 때에 영광 중에 일으킴을 받고,

고전 15:42-43 죽은 자의 부활도 이와 같으니 썩을 것으로 심고 썩지 아니할 것으로 다시 살며 [43]욕된 것으로 심고 영광스러운 것으로 다시 살며 약한 것으로 심고 강한 것으로 다시 살며.

심판 날에 공적으로 인정되고 죄 없다 함을 얻으며,

마 10:32 누구든지 사람 앞에서 나를 시인하면 나도 하늘에 계신 내 아버지 앞에서 저를 시인할 것이요.

마 25:33-34, 46 양은 그 오른편에, 염소는 왼편에 두리라. [34]그 때에 임

금이 그 오른편에 있는 자들에게 이르시되 내 아버지께 복받을 자들이여 나아와 창세로부터 너희를 위하여 예비된 나라를 상속하라. ⁴⁶저희는 영벌에 의인들은 영생에 들어가리라 하시니라.

영원토록
살전 4:17 그 후에 우리 살아남은 자도 저희와 함께 구름 속으로 끌어올려 공중에서 주를 영접하게 하시리니 그리하여 우리가 항상 주와 함께 있으리라.

하나님을 충만하게 즐거워하면서 완전한 복을 누릴 것입니다.
마 25:23 그 주인이 이르되 잘하였도다 착하고 충성된 종아 네가 작은 일에 충성하였으매 내가 많은 것으로 네게 맡기리니 네 주인의 즐거움에 참예할지어다 하고.
고전 13:12 우리가 이제는 거울로 보는 것같이 희미하나 그때에는 얼굴과 얼굴을 대하여 볼 것이요 이제는 내가 부분적으로 아나 그때에 는 주께서 나를 아신 것같이 내가 온전히 알리라.

7주차

제39-44문 도덕법

1. 서론

39문부터 소요리문답의 두 번째 부분(39문-107문)이 시작됩니다. 첫 부분의 서론인 4문이 '하나님에 대해서 믿어야 할 것'이 무엇인지를 물었다면, 두 번째 부분의 서론인 39문은 '하나님께서 사람에게 요구하시는 본분'이 무엇인지를 묻습니다. 소요리문답은 '하나님께서 사람에게 요구하시는 본분'을 십계명을 통해 설명합니다.

2. 구조

하나님께서 사람에게 요구하시는 본분은 무엇인가? (39-107문)	십계명 지키기(39-81문)	도덕법(39-41문)
		십계명의 핵심은 하나님 사랑과 이웃 사랑(42문)
		십계명의 서문(43-44문)
		하나님 사랑(45-62문)
		이웃 사랑(63-81문)
	은혜의 방편 사용하기(82-107문)	

3. 소요리문답

39문 : 하나님께서 사람에게 요구하시는 본분이 무엇입니까?
  답 : 하나님께서 사람에게 요구하시는 본분은 그분이 나타내 보이신 뜻에 순종하는 것입니다.

40문 : 사람이 마땅히 순종할 규칙으로 하나님께서 처음 나타내 보이신 것은 무엇입니까?
  답 : 사람이 마땅히 순종할 규칙으로 나타내 보이신 것은 도덕의 법칙입니다.

41문 : 도덕의 법칙은 어디에 총괄(總括)되어 나타났습니까?

답 : 도덕의 법칙은 십계명에 총괄되어 나타났습니다.

42문 : 십계명의 강령(綱領)이 무엇입니까?

답 : 십계명의 강령은 우리의 마음을 다하고 목숨을 다하고 힘을 다하고 뜻을 다하여 주 우리 하나님을 사랑하고, 또 이웃을 자기 자신같이 사랑하라는 것입니다.

43문 : 십계명의 머리말이 무엇입니까?

답 : 십계명의 머리말은 "나는 너를 애굽 땅 종 되었던 집에서 인도하여 낸 너의 하나님 여호와로라." 하신 것입니다.

44문 : 십계명의 머리말이 우리에게 가르치는 것은 무엇입니까?

답 : 십계명의 머리말이 우리에게 가르치는 것은 하나님께서 여호와, 우리 하나님이시고, 구속자이시므로, 우리가 마땅히 그분의 모든 계명을 지켜야 한다는 것입니다.

4. 핵심 해설

39문답 : 하나님께서 사람에게 요구하시는 본분이 무엇입니까? 하나님께서 사람에게 요구하시는 본분은 그분이 나타내 보이신 뜻에 순종하는 것입니다.

구원을 위해 하나님께서 요구하시는 것은 믿음입니다. 그런데 그 믿음조차도 하나님의 선물이기에, 우리가 구원을 받기 위해 해야 하는 일은 사실상 아무 것도 없습니다. 구원은 전적으로 삼위 하나님의 사역입니다. 하지만 구원 받은 이후에는 다릅니다. 하나님은 구원 받은 성도들이 하나님의 뜻에 순종하며 살기를 원하십니다. 그래서 하나님은 우리가 행해야 할 바를 구체적으로 알려 주셨습니다.

40문답 : 사람이 마땅히 순종할 규칙으로 하나님께서 처음 나타내 보이신 것은 무엇입니까? 사람이 마땅히 순종할 규칙으로 하나님께서 처음 나타내 보이신 것은 도덕의 법칙입니다.

하나님께서 구체적으로 알려주신 순종의 규칙을 도덕법이라 합니다. 율법은 다음과 같이 구분됩니다. 첫 번째는 의식법입니다. 주로 제사와 관련된 제도가 여기에 포함됩니다. 의식법은 그리스도께서 주실 은혜를 상징적으로 보여주는 것이었으므로, 그리스도께서 오신 지금은 폐지되었습니다. 두 번째는 시민법입니다. 시민법은 구약 시대 이스라엘의 사회적 제도와 법규입니다. 시민법은 이스라엘을 다른 이방민족들과 구분 짓는 중요한 잣대였지만, 구약적 이스라엘이 사라진 지금은 구속력이 없습니다. 세 번째는 도덕법입니다. 도덕법은 하나님께서 주신 순종의 규칙인데, 여기에는 하나님의 거룩한 성품과 뜻이 담겨 있습니다. 그래서 지금도 유효합니다.

41문답 : 도덕의 법칙은 어디에 총괄(總括)되어 나타났습니까? 도덕의 법칙은 십계명에 총괄되어 나타났습니다.

그리스도께서 오신 이후로 의식법은 폐지되었으므로, 양을 잡아 제사를 드리지 않아도 됩니다. 시민법도 사라졌으므로 레위기 11장이 금하는 음식들, 예를 들어 돼지고기를 먹어도 됩니다. 하지만 도덕법은 여전히 지켜야 합니다. 지켜야 할 뿐만 아니라 더 완전하게 지켜야 합니다.(마5:17) 그리스도는 음욕을 품는 것조차 간음이며(마5:28), 형제에게 화를 내는 것조차 살인이라고 하셨습니다.(마5:22) 도덕법은 십계명에 잘 나타나 있습니다. 하나님께서 모세에게 친히 써주신 십계명은, 도덕법에 포함되는 수많은 계명들을 단 열 가지로 요약하고 있습니다.

42문답 : 십계명의 강령(綱領)이 무엇입니까? 십계명의 강령은 우리의 마음을 다하고 목숨을 다하고 힘을 다하고 뜻을 다하여 주 우리 하나님을 사랑하고, 또 이웃을 자기 자신 같이 사랑하라는 것입니다.

십계명의 핵심은 하나님과 이웃을 사랑하는 것입니다. 예수님께서 직접 이렇게 말씀하셨습니다. "네 마음을 다하고 목숨을 다하고 뜻을 다하여 주 너의 하나님을 사랑하라 하셨으니 이것이 크고 첫째 되는 계명이요 둘째도 그와 같으니 네 이웃을 네 자신 같이 사랑하라 하셨으니 이 두 계명이 온 율법과 선지자의 강령이니라.(마22:37-40)" '강령'이라고 번역된 헬라어 '크레만뉘미'는 '매달려 있다'는 뜻으로 모든 율법이 이 두 계명에 의존하고 있다는 뜻입니다. 사랑은 모든 행동과 순종의 기본 원칙입니다.

43문답 : 십계명의 머리말이 무엇입니까? 십계명의 머리말은 "나는 너를 애굽 땅 종 되었던 집에서 인도하여 낸 너의 하나님 여호와로라." 하신 것입니다.

십계명은 "나는 너를 애굽 땅 종 되었던 집에서 인도하여 낸 네 하나님 여호와니라."라는 말씀으로 시작됩니다. 이것을 십계명의 머리말이라 합니다. 십계명이 머리말과 함께 시작되는 이유는 다음과 같습니다. 원래 이스라엘은 애굽의 식민지였습니다. 이스라엘은 애굽에서 종노릇하며 비참한 세월을 보내고 있었습니다. 이때 하나님께서 은혜를 베푸셨습니다. 모세를 통해 애굽을 탈출하도록 도우셨습니다. 이 순간 이스라엘 민족의 마음이 어땠을까요? 하나님을 향한 감사로 충만했을 것입니다. 하나님께 기쁜 마음으로 순종하고 싶었을 것입니다. 이것이 핵심입니다. 하나님은 이스라엘이 자발적으로 십계명에 순종하기를 원하셨던 것입니다.

44문답 : 십계명의 머리말이 우리에게 가르치는 것은 무엇입니까? 십계명의 머리말이 우리에게 가르치는 것은 하나님께서 여호와, 우리 하나님이시고, 구속자이시므로, 우리가 마땅히 그분의 모든 계명을 지켜야 한다는 것입니다.

십계명의 머리말은 크게 네 가지를 가르칩니다. 첫째, 십계명을 누가 주셨는지를 가르칩니다. 십계명은 하나님께서 직접 주신 말씀으로 엄중한 무게를 가지고 있습니다. 둘째, 십계명을 누구에게 주셨는지를 가르칩니다. 십계명은 일차적으로 애굽의 노예였던 이스라엘 민족에게 주신 말씀입니다. 셋째, 십계명을 언제 주셨는지를 가르칩니다. 하나님은 자기 백성을 애굽에서 구원하신 이후에 십계명을 주셨습니다. 즉, 십계명을 지키는 것은 구원의 결과이지, 구원의 조건이 아닙니다. 넷째, 십계명을 왜 지켜야 하는지를 가르칩니다. 하나님께서 이스라엘을 애굽의 노예 상태에서 구원하셨듯이 우리도 죄의 노예 상태에서 해방시켜 주셨으므로 십계명을 지켜야 합니다.

5. 핵심 정리

39문 : 구원받은 성도는 구체적으로 드러난 하나님의 뜻을 따라 살아야 합니다.
40문 : 구체적으로 드러난 하나님의 뜻을 도덕법이라 합니다.
41문 : 도덕법은 십계명에 잘 나타나 있습니다.
42문 : 십계명의 핵심은 하나님과 이웃에 대한 사랑입니다.
43문 : 하나님은 우리가 자발적으로 십계명에 순종하기를 원하십니다.
44문 : 십계명의 머리말은 십계명을 주신 분과 받은 사람, 십계명을 받은 시기와 십계명에 순종해야 하는 이유를 가르칩니다.

6. 근거 구절

39문 : 하나님께서 사람에게 요구하시는 본분은 그분이 나타내 보이신 뜻에 순종하는 것입니다.

삼상 15:22 사무엘이 가로되 여호와께서 번제와 다른 제사를 그 목소리 순종하는 것을 좋아하심 같이 좋아하시겠나이까? 순종이 제사보다 낫고 듣는 것이 수양의 기름보다 나으니.

미 6:8 사람아 주께서 선한 것이 무엇임을 네게 보이셨나니 여호와께서 네게 구하시는 것이 오직 공의를 행하며 인자를 사랑하며 겸손히 네 하나님과 함께 행하는 것이 아니냐?

40문 : 사람이 마땅히 순종할 규칙으로 하나님께서 처음 나타내 보이신 것은 도덕의 법칙입니다.

창 2:16-17 여호와 하나님이 그 사람에게 명하여 가라사대 동산 각종 나무의 실과는 네가 임의로 먹되 [17]선악을 알게 하는 나무의 실과는 먹지 말라. 네가 먹는 날에는 정녕 죽으리라 하시니라.

롬 10:5 모세가 기록하되 율법으로 말미암는 의를 행하는 사람은 그 의로 살리라 하였거니와.

41문 : 도덕의 법칙은 십계명에 총괄되어 나타났습니다.

신 4:13 여호와께서 그 언약을 너희에게 반포하시고 너희로 지키라 명하셨으니 곧 십계명이며 두 돌판에 친히 쓰신 것이라.

42문 : 십계명의 강령은 우리의 마음을 다하고 목숨을 다하고 힘을 다하고 뜻을 다하여 주 우리 하나님을 사랑하고, 또 이웃을 자기 자신같이 사랑하라는 것입니다.

마 22:37-40 예수께서 가라사대 네 마음을 다하고 목숨을 다하고 뜻을 다하여 주 너의 하나님을 사랑하라 하셨으니 [38]이것이 크고 첫째 되는 계명이요 [39]둘째는 그와 같으니 네 이웃을 네 몸과 같이 사랑하라 하셨으니 [40]이 두 계명이 온 율법과 선지자의 강령이니라.

43문 : 십계명의 머리말은 "나는 너를 애굽 땅 종 되었던 집에서 인도하여 낸 너의 하나님 여호와로라." 하신 것입니다.

출 20:2 나는 너를 애굽 땅 종 되었던 집에서 인도하여 낸 너의 하나님 여호와로라.

신 5:6 나는 너를 애굽 땅에서 종 되었던 집에서 인도하여 낸 너희 하나님 여호와로라.

44문 : 십계명의 머리말이 우리에게 가르치는 것은 하나님께서 여호와, 우리 하나님이시고, 구속자이시므로, 우리가 마땅히 그분의 모든 계명을 지켜야 한다는 것입니다.

벧전 1:14-19 너희가 순종하는 자식처럼 이전 알지 못할 때에 좇던 너희 사욕을 본 삼지 말고 ^{15}오직 너희를 부르신 거룩한 자처럼 너희도 모든 행실에 거룩한 자가 되라. ^{16}기록하였으되 내가 거룩하니 너희도 거룩할지어다 하셨느니라. ^{17}외모로 보시지 않고 각 사람의 행위대로 판단하시는 자를 너희가 아버지라 부른즉 너희의 나그네로 있을 때를 두려움으로 지내라. ^{18}너희가 알거니와 너희 조상의 유전한 망령된 행실에서 구속(救贖)된 것은 은이나 금같이 없어질 것으로 한 것이 아니요 ^{19}오직 흠 없고 점 없는 어린 양 같은 그리스도의 보배로운 피로 한 것이니라.

8주차

제45-52문 1-2계명

1. 서론

우리가 순종해야 할 하나님의 뜻은 도덕법에 나타나 있으며, 도덕법은 십계명에 요약되어 있습니다. 십계명은 크게 두 부분으로 나눌 수 있는데, 첫 번째는 하나님 사랑이며, 두 번째는 이웃 사랑입니다. 여기서는 예배의 대상을 설명하는 제1계명과, 예배의 방법을 설명하는 제2계명에 대해 알아보겠습니다.

2. 구조

하나님께서 사람에게 요구하시는 본분은 무엇인가? (39-107문)	십계명 지키기 (39-81문)	도덕법(39-41문)		
		십계명의 핵심은 하나님 사랑과 이웃 사랑(42문)		
		십계명의 서문(43-44문)		
		하나님 사랑 (45-62문)	제1계명(45-48문)	예배의 대상
			제2계명(49-52문)	예배의 방법
			제3계명(53-56문)	예배의 태도
			제4계명(57-62문)	예배의 시간
		이웃 사랑(63-81문)		
	은혜의 방편 사용하기(82-107문)			

3. 소요리문답

45문 : 제1계명이 무엇입니까?

답 : 제1계명은 "너는 나 외에는 다른 신들을 네게 있게 말지니라." 하신 것입니다.

46문 : 제1계명이 명하는 것은 무엇입니까?

답 : 제1계명이 우리에게 명하는 것은 하나님께서 유일하고 참되신 하나님이시고 우리

의 하나님이심을 알고 인정하며, 그에 합당하게 하나님을 경배하고 영화롭게 하라는 것입니다.

47문 : 제1계명이 금하는 것은 무엇입니까?

답 : 제1계명이 금하는 것은 하나님께서 참되신 하나님이시고 우리의 하나님이심을 부인하거나 그러한 분으로 경배하지 않거나 영화롭게 하지 않는 것이며 또한 오직 그분께만 드려야 할 경배와 영광을 다른 자나 다른 것에게 돌리는 것입니다.

48문 : 제1계명에서 "나 외에는" 혹은 "내 앞에서"라는 말씀이 우리에게 특별히 가르치는 것은 무엇입니까?

답 : 제1계명에서 "나 외에는" 혹은 "내 앞에서"라는 말씀이 우리에게 특별히 가르치는 것은 모든 것을 보고 계시는 하나님께서 우리가 조금이라도 다른 신을 섬기는 죄를 특히 눈여겨 보시고 매우 싫어하신다는 것입니다.

49문 : 제2계명이 무엇입니까?

답 : 제2계명은 "너를 위하여 새긴 우상을 만들지 말고, 또 위로 하늘에 있는 것이나 아래로 땅에 있는 것이나 땅 아래 물 속에 있는 것의 아무 형상이든지 만들지 말며, 그것들에게 절하지 말며, 그것들을 섬기지 말라. 나 여호와 너의 하나님은 질투하는 하나님인즉, 나를 미워하는 자의 죄를 갚되 아비로부터 아들에게로 삼사 대까지 이르게 하거니와, 나를 사랑하고 내 계명을 지키는 자에게는 천 대까지 은혜를 베푸느니라." 하신 것입니다.

50문 : 제2계명이 명하는 것은 무엇입니까?

답 : 제2계명이 명하는 것은 하나님께서 그분의 말씀에서 정하여 주신 그 모든 경건한 예배와 규례를 받아들이고 행하며 순전하고 온전하게 지키라는 것입니다.

51문 : 제2계명이 금하는 것은 무엇입니까?

답 : 제2계명이 금하는 것은 하나님께 예배를 드릴 때에 형상을 사용하거나 혹은 하나님의 말씀에서 정하여 주시지 않은 다른 방법을 조금이라도 사용하는 것입니다.

52문 : 제2계명을 지킬 이유로 이어서 말씀하신 것은 무엇입니까?

답 : 제2계명을 지킬 이유로 이어서 말씀하신 것은 하나님께서 우리의 주권자이시고 우리의 소유주이시며, 친히 정하신 대로 경배받기를 열망하신다는 것입니다.

4. 핵심 해설

45문답 : 제1계명이 무엇입니까? 제1계명은 "너는 나 외에는 다른 신들을 네게 있게 말지니라." 하신 것입니다.

사람은 하나님과 교제할 수 있는 존재, 즉 하나님의 형상으로 창조되었습니다. 그래서 사람은 하나님과의 바른 관계 속에서만 온전한 삶을 살 수 있습니다. 이것을 두고 아우구스티누스는 "사람의 내면에는 하나님으로만 채워지는 공간이 있다."고 말했습니다. 그런데 타락한 인간들은 그 공간을 하나님 아닌 다른 것으로 채우기 시작했습니다. 바로 그것이 우상입니다.

46문답 : 제1계명이 명하는 것은 무엇입니까? 제1계명이 우리에게 명하는 것은 하나님께서 유일하고 참되신 하나님이시고 우리의 하나님이심을 알고 인정하며, 그에 합당하게 하나님을 경배하고 영화롭게 하라는 것입니다.

제1계명은 "나 외에는 다른 신들을 네게 두지 말라."입니다. 이것은 하나님 외에도 다른 신이 있다는 말이 아닙니다. 당시 이스라엘은 수많은 우상들에 둘러싸여 있었습니다. 오랫동안 종살이했던 애굽은 말할 것도 없고, 출애굽의 목적지였던 가나안에도 우상이 있었습니다. 그러므로 제1계명은 이방종교에 물드는 것을 경계하신 말씀입니다. 그런데 하나님만을 유일하고 참되신 하나님으로 믿고 예배할지라도, "마음을 다하고 뜻을 다하고 힘을 다하여"(신6:5) 예배하지 않는다면 그것 역시 제1계명을 어기는 일입니다. 하나님께 합당한 예배가 아니라면, 하나님께서 받지 않으시기 때문입니다.(시29:2)

47문답 : 제1계명이 금하는 것은 무엇입니까? 제1계명이 금하는 것은 하나님께서 참되신 하나님이시고 우리의 하나님이심을 부인하거나 그러한 분으로 경배하지 않거나 영화롭게 하지 않는 것이며 또한 오직 그분께만 드려야 할 경배와 영광을 다른 자나 다른 것에게 돌리는 것입니다.

많은 사람들이 이렇게 생각합니다. "나는 다른 계명은 자주 어기지만, 첫 번째 계명만은 절대 어기지 않아. 나는 절에 다니거나 이슬람 사원에 다니는 것이 아니라 교회에 다니고 있으니까." 이것은 잘못된 생각입니다. 하나님 외에 다른 신을 섬기지 말라는 제1계명은, 하나님보다 더 중요하게 여기거나 더 좋아하는 것이 없어야 한다는 의미입니다. 만약 하나님보다 돈을 더 좋아하고, 하나님보다 성공을 더 중요하게 생각한다면, 그것 역시 제1계명을 범한 것입니다.

48문답 : 제1계명에서 "나 외에는" 혹은 "내 앞에서"라는 말씀이 우리에게 특별히 가르치는 것은 무엇입니까? 제1계명에서 "나 외에는" 혹은 "내 앞에서"라는 말씀이 우리에게 특별히 가르치는 것은 모든 것을 보고 계시는 하나님께서 우리가 조금이라도 다른 신을 섬기는 죄를 특히 눈여겨 보시고 매우 싫어하신다는 것입니다.

제1계명에서 "나 외에는"으로 번역된 히브리어 '엘 파나이'는 "하나님과 나란히"라고도 번역할 수 있습니다. 그러므로 하나님과 다른 신을 함께 예배하는 것도 제1계명을 어기는 행위입니다. 하나님을 버리고 우상을 숭배하는 행위뿐만 아니라, 어떤 존재를 하나님과 동등한 예배의 대상으로 생각하는 것조차 제1계명에 위배된다는 뜻입니다.

49문답 : 제2계명이 무엇입니까? 제2계명은 "너를 위하여 새긴 우상을 만들지 말고, 또 위로 하늘에 있는 것이나 아래로 땅에 있는 것이나 땅 아래 물 속에 있는 것의 아무 형상이든지 만들지 말며, 그것들에게 절하지 말며, 그것들을 섬기지 말라. 나 여호와 너의 하나님은 질투하는 하나님인즉, 나를 미워하는 자의 죄를 갚되 아비로부터 아들에게로 삼사 대까지 이르게 하거니와, 나를 사랑하고 내 계명을 지키는 자에게는 천 대까지 은혜를 베푸느니라." 하신 것입니다.

제2계명과 제1계명은 비슷하게 보이지만, 분명한 차이가 있습니다. 제1계명이 하나님 외에 다른 신을 섬기는 것을 금지하는 계명이라면, 제2계명은 하나님을 어떤 모양으로 만들어 섬기는 것을 금지하는 계명입니다. 제2계명을 이해하기 위해서는 십계명을 받을 당시의 문화를 알아야 합니다. 고대 근동 지방에 살던 민족들은 자신들이 믿는 신을 형상화하는 전통을 가지고 있었습니다. 그러다보니 이스라엘 민족도 여호와 하나님을 형상화할 위험이 있었던 것입니다. 하지만 하나님은 육체가 없으신 '영'이시므로(요4:24), 어떤 모양으로도 형상화해서는 안 됩니다.

50문답 : 제2계명이 명하는 것은 무엇입니까? 제2계명이 명하는 것은 하나님께서 그분의 말씀에서 정하여 주신 그 모든 경건한 예배와 규례를 받아들이고 행하며 순전하고 온전하게 지키라는 것입니다.

제1계명이 다른 신을 섬기는 것을 금지하는 계명이라면, 제2계명은 하나님을 잘못 섬기는 것을 금지하는 계명입니다. 제2계명을 어긴 대표적인 사례로는 아론이 금송아지 형상으로 하나님을 예배한 것이나, 중세 로마 교회가 성인들의 유물을 숭배한 것을 꼽을 수 있습니다. 그래서 종교개혁자들은 성경에 근거하지 않은 것들을 제거하기 위해 노력했습니다. 이 때 개혁된 것들이 성직자와 평신도를 나누는 예복, 미사라는 이름의 제사, 촛불과 형상과 제단 등입니다. 참된 교회는 제2계명에 근거하여 오직 성경에 근거한 것들만을 예배의 요소에 포함시켜 왔습니다. 대표적인 것이 성경봉독, 설교, 시편찬송, 성찬, 기도입니다.

51문답 : 제2계명이 금하는 것은 무엇입니까? 제2계명이 금하는 것은 하나님께 예배를 드릴 때에 형상을 사용하거나 혹은 하나님의 말씀에서 정하여 주시지 않은 다른 방법을 조금이라도 사용하는 것입니다.

하나님을 어떤 형상으로 표현하는 것은 불가능한 일입니다. 하나님에게 속한 여러 가지 속성을 담아낼 수 있는 형상이란 존재하지 않습니다. 예를 들어 그 어떤 형상도 하나님의 편재성을 담아낼 순 없습니다. 그리고 하나님을 피조물의 형상으로 표현하는 것은 창조주의 영광을 훼손하는 일이기도 합니다. 그렇다면 아직 어리거나 신앙이 연약한 사람을 교육하기 위해 하나님을 형상으로 표현하는 것은 가능할까요? 그것 역시 올바르지 않습니다. 형상으로 표현된 하나님을 보는 순간, 하나님을 볼 수 있는 분으로 오해하거나, 하나님을 왜곡된 이미지로 배우게 될 가능성이 있습니다.

52문답 : 제2계명을 지킬 이유로 이어서 말씀하신 것은 무엇입니까? 제2계명을 지킬 이유로 이어서 말씀하신 것은 하나님께서 우리의 주권자이시고 우리의 소유주이시며, 친히 정하신 대로 경배받기를 열망하신다는 것입니다.

하나님께서는 아론의 황금 송아지 예배를 받지 않으셨습니다. 아론의 두 아들이 "여호와께서 명령하시지 아니하신 다른 불을"(레10:1) 사용하여 드린 예배도 받지 않으셨습니다. 하나님께서는 친히 정하신 대로만 경배 받기를 원하시기 때문입니다. 예배의 방법은 하나님만 결정하실 수 있다는 뜻입니다. 그 이유는 하나님과 우리의 '위치'가 다르기 때문입니다. 하나님은 창조주이시고 모든 만물의 주인이신데 반해, 우리는 피조물이며 하나님의 소유된 백성입니다. 그러므로 우리의 사명은 "어떻게 하면 하나님의 뜻에 더 합당한 예배를 드릴 수 있을까?"를 고민하는 것이어야지, "어떻게 하면 사람들이 더 좋아하는 예배를 드릴 수 있을까?"를 고려하는 것이 아닙니다.

5. 핵심 정리

45문 : 제1계명은 우상 숭배를 금지합니다.
46문 : 제1계명을 지켜야 할 이유는, 여호와 하나님만이 유일하게 자존하신 창조주이 시기 때문입니다.
47문 : 다른 것을 하나님보다 좋아하거나, 하나님만큼 중요하게 여기는 것도 제1계명을 어기는 행위입니다.
48문 : 다른 것을 하나님과 나란히 두는 것도 제1계명을 어기는 행위입니다.
49문 : 제2계명은 영이신 하나님을 어떤 모양으로 만들어 예배하는 것을 금지합니다.
50문 : 하나님을 잘못된 방법으로 섬기는 것도 우상숭배입니다.
51문 : 하나님을 형상화하는 것은 불가능할 뿐만 아니라 금지된 행위입니다.
52문 : 제2계명은 우리의 생각이 아니라 하나님의 뜻대로만 예배할 것을 명령합니다.

6. 근거 구절

45문 : 제1계명은 "너는 나 외에는 다른 신들을 네게 있게 말지니라." 하신 것입니다.
　　출 20:3 너는 나 외에는 다른 신들을 네게 있게 말지니라.
　　신 5:7 나 외에는 위하는 신들을 네게 있게 말지니라.

46문 : 제1계명이 우리에게 명하는 것은 하나님께서 유일하고 참되신 하나님이시고 우리의 하나님이심을 알고 인정하며,
　　신 26:17 네가 오늘날 여호와를 네 하나님으로 인정하고 또 그 도를 행하고 그 규례와 명령과 법도를 지키며 그 소리를 들으리라 확언하였고

그에 합당하게 하나님을 경배하고 영화롭게 하라는 것입니다.

시 29:2 여호와의 이름에 합당한 영광을 돌리며 거룩한 옷을 입고 여호와께 경배할지어다.

47문 : 제1계명이 금하는 것은 하나님께서 참되신 하나님이시고 우리의 하나님이심을 부인하거나

시 14:1 어리석은 자는 그 마음에 이르기를 하나님이 없다 하도다. 저희는 부패하고 소행이 가증하여 선을 행하는 자가 없도다.

그러한 분으로 경배하지 않거나 영화롭게 하지 않는 것이며

롬 1:20-21 창세로부터 그의 보이지 아니하는 것들 곧 그의 영원하신 능력과 신성이 그 만드신 만물에 분명히 보여 알게 되나니 그러므로 저희가 핑계치 못할지니라. [21]하나님을 알되 하나님으로 영화롭게도 아니하며 감사치도 아니하고 오히려 그 생각이 허망하여지며 미련한 마음이 어두워졌나니.

또한 오직 그분께만 드려야 할 경배와 영광을 다른 자나 다른 것에게 돌리는 것입니다.

마 6:24 한 사람이 두 주인을 섬기지 못 할 것이니 혹 이를 미워하며 저를 사랑하거나 혹 이를 중히 여기며 저를 경히 여김이라 너희가 하나님과 재물을 겸하여 섬기지 못하느니라.

롬 1:25 이는 저희가 하나님의 진리를 거짓 것으로 바꾸어 피조물을 조물주보다 더 경배하고 섬김이라. 주는 곧 영원히 찬송할 이시로다. 아멘.

48문 : 제1계명에서 "나 외에는" 혹은 "내 앞에서"라는 말씀이 우리에게 특별히 가르치는 것은 모든 것을 보고 계시는 하나님께서 우리가 조금이라도 다른 신을 섬기는 죄를 특히 눈여겨 보시고 매우 싫어하신다는 것입니다.

신 30:17-18 그러나 네가 만일 마음을 돌이켜 듣지 아니하고 유혹을 받아서 다른 신들에게 절하고 그를 섬기면 [18]내가 오늘날 너희에게 선언하노니 너희가 반드시 망할 것이라. 너희가 요단을 건너가서 얻을 땅에서 너희의 날이 장구치 못할 것이니라.

49문 : 제2계명은 "너를 위하여 새긴 우상을 만들지 말고, 또 위로 하늘에 있는 것이나 아래로 땅에 있는 것이나 땅 아래 물 속에 있는 것의 아무 형상이든지 만들지 말며, 그것들에게 절하지 말며, 그것들을 섬기지 말라. 나 여호와 너의 하나님은 질투하는 하나님인즉, 나를 미워하는 자의 죄를 갚되 아비로부터 아들에게로 삼사 대까지 이르게 하거니와, 나를 사랑하고 내 계명을 지키는 자에게는 천 대까지 은혜를 베푸느니라." 하신 것입니다.

출 20:4-6 너를 위하여 새긴 우상을 만들지 말고 또 위로 하늘에 있는 것이나 아래로 땅에 있는 것이나 땅 아래 물속에 있는 것의 아무 형상이든지 만들지 말며 [5]그것들에게 절하지 말며 그것들을 섬기지 말라. 나 여호와 너의 하나님은 질투하는 하나님인즉 나를 미워하는 자의 죄를 갚되 아비로부터 아들에게로 삼사 대까지 이르게 하거니와 [6]나를 사랑하고 내 계명을 지키는 자에게는 천대까지 은혜를 베푸느니라.

신 5:8-10 너는 자기를 위하여 새긴 우상을 만들지 말고 위로 하늘에 있는 것이나 아래로 땅에 있는 것이나 땅 밑 물 속에 있는 것의 아무 형상이든지 만들지 말며 [9]그것들에게 절하지 말며 그것들을 섬기지 말라. 나 여호와 너의 하나님은 질투하는 하나님인즉 나를 미워하는 자의 죄를 갚되 아비로부터 아들에게로 삼사 대까지 이르게 하거니와 [10]나를 사랑하고 내 계명을 시키는 자에게는 천대까지 은혜를 베푸느니라.

50문 : 제2계명이 명하는 것은 하나님께서 그분의 말씀에서 정하여 주신 그 모든 경건한 예배와 규례를 받아들이고 행하며 순전하고 온전하게 지키라는 것입니다.

신 12:32 내가 너희에게 명하는 이 모든 말을 너희는 지켜 행하고 그것에 가감하지 말지니라.

마 28:20 내가 너희에게 분부한 모든 것을 가르쳐 지키게 하라. 볼지어다 내가 세상 끝 날까지 너희와 항상 함께 있으리라 하시니라.

51문: 제2계명이 금하는 것은 하나님께 예배를 드릴 때에 형상을 사용하거나

신 4:15-19 여호와께서 호렙 산 화염 중에서 너희에게 말씀하시던 날에 너희가 아무 형상도 보지 못하였은즉 너희는 깊이 삼가라. ¹⁶두렵건대 스스로 부패하여 자기를 위하여 아무 형상대로든지 우상을 새겨 만들되 남자의 형상이라든지, 여자의 형상이라든지, ¹⁷땅 위에 있는 아무 짐승의 형상이라든지, 하늘에 나는 아무 새의 형상이라든지, ¹⁸땅 위에 기는 아무 곤충의 형상이라든지, 땅 아래 물속에 있는 아무 어족의 형상이라든지 만들까 하노라. ¹⁹또 두렵건대 네가 하늘을 향하여 눈을 들어 일월성령 하늘 위의 군중 곧 너희 하나님 여호와께서 천하 만민을 위하여 분정(分定)하신 것을 보고 미혹하여 그것에 경배하며 섬길까 하노라.

혹은 하나님의 말씀에서 정하여 주시지 않은 다른 방법을 조금이라도 사용하는 것입니다.

레 10:1-2 아론의 아들 나답과 아비후가 각기 향로를 가져다가 여호와의 명하시지 않은 다른 불을 담아 여호와 앞에 분향하였더니 ²불이 여호와 앞에서 나와 그들을 삼키매 그들이 여호와 앞에서 죽은지라.

52문: 제2계명을 지킬 이유로 이어서 말씀하신 것은 하나님께서 우리의 주권자이시고

시 95:2-3, 6-7 우리가 감사함으로 그 앞에 나아가며 시로 그를 향하여 즐거이 부르자. ³대저 여호와는 크신 하나님이시요 모든 신 위에 크신 왕이시로다. ⁶오라 우리가 굽혀 경배하며 우리를 지으신 여호와 앞에 무릎을 꿇자. ⁷대저 저는 우리 하나님이시요 우리는 그의 기르시는 백성이며 그

손의 양이라. 너희가 오늘날 그 음성을 듣기를 원하노라.

우리의 소유주이시며,
출 19:5 세계가 다 내게 속하였나니 너희가 내 말을 잘 듣고 내 언약을 지키면 너희는 열국 중에서 내 소유가 되겠고.

친히 정하신 대로 경배받기를 열망하신다는 것입니다.
출 34:14 너는 다른 신에게 절하지 말라. 여호와는 질투라 이름 하는 질투의 하나님임이니라.

9주차

제53-62문 3-4계명

1. 서론

십계명의 첫 네 계명은 하나님을 사랑하는 방법으로 바른 예배에 대해 설명하고 있습니다. 여기서는 예배의 자세를 설명하는 제3계명과, 예배의 날을 설명하는 제4계명에 대해 알아보겠습니다.

2. 구조

하나님 사랑(45-62문)	제1계명(45-48문)	예배의 대상
	제2계명(49-52문)	예배의 방법
	제3계명(53-56문)	예배의 태도
	제4계명(57-62문)	예배의 시간

이웃 사랑(63-81문)

3. 소요리문답

53문 : 제3계명이 무엇입니까?
답 : 제3계명은 "너는 너의 하나님 여호와의 이름을 망령되이 일컫지 말라. 나 여호와는 나의 이름을 망령되이 일컫는 자를 죄 없다 하지 아니하리라." 하신 것입니다.

54문 : 제3계명이 명하는 것은 무엇입니까?
답 : 제3계명이 명하는 것은 하나님의 이름과 칭호와 속성과 규례와 말씀과 행사를 존경하는 마음으로 거룩하게 사용하라는 것입니다.

55문 : 제3계명이 금하는 것은 무엇입니까?
답 : 제3계명이 금하는 것은 하나님께서 자기를 나타내시는 데 쓰시는 것을 속되게 하거나 잘못 사용하는 것입니다.

56문 : 제3계명을 지킬 이유로 이어서 말씀하신 것은 무엇입니까?

답 : 제3계명을 지킬 이유로 이어서 말씀하신 것은 이 계명을 범한 자들이 비록 사람의 형벌은 피할 수 있어도, 여호와 우리 하나님의 의로운 심판은 피할 수 없다는 것입니다.

57문 : 제4계명이 무엇입니까?

답 : 제4계명은 "안식일을 기억하여 거룩히 지키라. 엿새 동안은 힘써 네 모든 일을 행할 것이나, 제칠 일은 너의 하나님 여호와의 안식일인즉, 너나 네 아들이나 네 딸이나 네 남종이나 네 여종이나 네 육축이나 네 문안에 유하는 객이라도 아무 일도 하지 말라. 이는 엿새 동안에 나 여호와가 하늘과 땅과 바다와 그 가운데 모든 것을 만들고 제칠 일에 쉬었음이라. 그러므로 나 여호와가 안식일을 복되게 하여 그날을 거룩하게 하였느니라." 하신 것입니다.

58문 : 제4계명이 명하는 것은 무엇입니까?

답 : 제4계명이 명하는 것은 하나님께서 주님의 말씀으로 정하신 일정한 시간을 하나님께 거룩하게 지키는 것, 곧 이레 중 하루를 종일토록 하나님께 거룩한 안식일로 지키라는 것입니다.

59문 : 하나님께서 이레 중 어느 날을 매주의 안식일로 정하셨습니까?

답 : 세상의 처음부터 그리스도의 부활까지는 매주의 일곱째 날을 안식일로 정하셨고, 그 후부터 세상의 끝 날까지는 매주의 첫째 날을 안식일로 정하셨는데, 이날이 그리스도인의 안식일입니다.

60문 : 안식일을 어떻게 거룩하게 지킬 수 있습니까?

답 : 우리는 그날 종일을 거룩하게 쉬고 다른 날에 정당한 세상일과 오락까지도 쉬고, 또한 그 모든 시간을 하나님께 공적으로나 개인적으로 예배드리는 데에 사용함으로써 안식일을 거룩하게 지킵니다. 다만 불가피한 일과 자비를 베푸는 일은 행할 수 있습니다.

61문 : 제4계명이 금하는 것은 무엇입니까?

답 : 제4계명이 금하는 것은 명하신 의무를 이행하지 않거나 부주의하게 이행하는 것이며, 게으르거나 그 자체로 죄악적인 일을 하거나 또는 세상일과 오락에 관련된 불필요한 생각과 말과 일을 함으로써 그날을 더럽히는 것입니다.

62문 : 제4계명을 지킬 이유로 이어서 말씀하신 것은 무엇입니까?

답 : 제4계명을 지킬 이유로 이어서 말씀하신 것은 우리 자신의 일을 하도록 엿새를 허락하여 주셨고, 제칠 일을 주님의 특별한 소유로 주장하셨고, 친히 모범을 보여 주셨고, 안식일을 복 주신 것입니다.

4. 핵심 해설

53문답 : 제3계명이 무엇입니까? 제3계명은 "너는 너의 하나님 여호와의 이름을 망령되이 일컫지 말라. 나 여호와는 나의 이름을 망령되이 일컫는 자를 죄 없다 하지 아니하리라." 하신 것입니다.

제3계명은 "여호와의 이름을 망령되게 부르지 말라."입니다. '망령되게'로 번역된 히브리어 '샤웨'는 아무것도 없이 텅 비어 있는 상태를 말합니다. 그러므로 제3계명은 하나님의 이름을 텅 비어 있는 마음으로 부르는 것, 다시 말해 그 의미를 생각하지 않고 부르는 행위를 금지하는 계명입니다. 하나님의 이름을 무의미하게 불러서는 안 되는 이유는, 이름이 그 사람의 존재를 반영하기 때문입니다. 예를 들어 첫 사람 아담의 이름에는 '흙'이라는 의미가 반영되어 있습니다. 이것은 사람이 흙에서 비롯된 존재임을 의미합니다. 이스라엘 민족의 조상이 아브라함의 이름에는 '여러 민족의 아버지'라는 의미가 반영되어 있습니다. 이것은 그를 통해 여러 민족이 배출될 것을 의미합니다. 하나님의 이름 역시 마찬가지입니다. '여호와'라는 이름에는 '스스로 있는 자'라는 의미가 반영되어 있고, '엘 샤다이'에는 '전능하신 분'이라는 의미가 반영되어 있습니다. 성경에서 하나님의 이름을 부르는 일은 주로 예배를 드리는 것과 관련되어 있습니다. 예를 들어 로마서 15:20에서 "그리스도의 이름을 부르는 곳"은 예배를 드리는 곳을 의미하고, 고린도전서 1:2에서 "예수 그리스도의 이름을 부르는 모든 자"는 예배를 드리는 성도를 의미합니다. 그런 점에서 제3계명은 예배와 깊은 관련을 가지고 있습니다.

54문답 : 제3계명이 명하는 것은 무엇입니까? 제3계명이 명하는 것은 하나님의 이름과 칭호와 속성과 규례와 말씀과 행사를 존경하는 마음으로 거룩하게 사용하라는 것입니다.

제3계명이 의미하는 것 중에 하나는 하나님과 관련된 것이라면 무엇이든지 거룩하고 경건하게 사용해야 한다는 것입니다. 그래서 제54문은 하나님의 이름뿐만 아니라, "칭호와 속성과 규례와 말씀과 행사"도 "존경하는 마음으로 거룩하게 사용하라."고 명합니다. 예를 들어 습관적으로 "주여" 또는 "아버지"를 내뱉는 것은, 하나님의 칭호를 경건하게 사용하는 것이 아닙니다. 예배 가운데 형식적으로 "할렐루야"를 남발하는 것도 마찬가지입니다. 하나님께 속한 모든 것은 하나님의 영광과 우리 자신과 다른 사람들의 신앙을 위하여 조심스럽게 사용되어야 합니다.

55문답 : 제3계명이 금하는 것은 무엇입니까? 제3계명이 금하는 것은 하나님께서 자기를 나타내시는 데 쓰시는 것을 속되게 하거나 잘못 사용하는 것입니다.

하나님의 이름을 거룩하고 경건하게 사용하기 위해서 속되거나 잘못된 방법으로 사용하지 말아야 합니다. 대표적인 경우가 '헛된 맹세'입니다.(레19:12) 다른 사람을 속이기 위해 하나님의 이름으로 맹세하는 것은 제3계명을 어기는 행동입니다. 그 외에도 하나님의 이름을 미신적으로 사용하는 것, 저주의 도구로 사용하는 것, 하나님의 이름을 부르면서 하나님께 불평하는 것, 하나님의 이름을 호기심의 대상으로 사용하는 것, 하나님의 말씀을 잘못 해석하고 적용하는 것, 하나님의 이름을 부끄러워하는 것 등이, 하나님의 이름을 속되거나 잘못된 방법으로 사용하는 사례입니다.

56문답 : 제3계명을 지킬 이유로 이어서 말씀하신 것은 무엇입니까? 제3계명을 지킬 이유로 이어서 말씀하신 것은 이 계명을 범한 자들이 비록 사람의 형벌은 피할 수 있어도, 여호와 우리 하나님의 의로운 심판은 피할 수 없다는 것입니다.

제3계명에는 이 계명을 어긴 자들이 받게 될 하나님의 심판이 부가되어 있습니다. 하나님과 관계된 것들을 함부로 사용하는 사람들이, 사람의 형벌은 피할 수 있을지라도, 하나님의 심판은 피하지 못한다는 뜻입니다. 대표적인 사례가 엘리의 두 아들입니다. 그들은 제사장이면서도, 하나님에 대한 지식이 없었습니다.(삼상2:12) 하나님을 두려워하지도 않았습니다. 여호와의 임재가 있는 회막문 앞에서 여인들과 잠자리를 가질 정도였습니다.(삼상2:22) 그럼에도 불구하고 아무도 그들을 심판할 수 없었습니다. 최고 지도자의 아들이었기 때문입니다. 그들을 바로잡아야 할 엘리 제사장은 사실상 직무유기 상태에 있었습니다. 하지만 하나님의 의로운 심판은 피할 수 없었습니다. 하나님은 블레셋 군대를 통해 엘리의 두 아들을 심판하셨습니다.

57문답 : 제4계명이 무엇입니까? 제4계명은 "안식일을 기억하여 거룩히 지키라. 엿새 동안은 힘써 네 모든 일을 행할 것이나, 제칠 일은 너의 하나님 여호와의 안식일인즉, 너나 네 아들이나 네 딸이나 네 남종이나 네 여종이나 네 육축이나 네 문안에 유하는 객이라도 아무 일도 하지 말라. 이는 엿새 동안에 나 여호와가 하늘과 땅과 바다와 그 가운데 모든 것을 만들고 제칠 일에 쉬었음이라. 그러므로 나 여호와가 안식일을 복되게 하여 그날을 거룩하게 하였느니라." 하신 것입니다.

성경에서 7은 완전함을 의미합니다.(창7:2, 레4:6) 하나님께서 7이라는 기간에 맞추어 창조 사역을 진행하신 이유가 여기에 있습니다. 칠일 간의 창조는 하나님의 창조가 완벽하다는 그림언어입니다. 육일 동안 세상을 지으신 하나님은 제 칠일 째 되는 날 안식하셨습니다. 육일간의 노동으로 피곤하셨기 때문이 아니라, 창조가 완벽하게 마무리되었기 때문입니다. 해야 할 일이 남아 있는 사람은 쉬지 못하는 것을 떠올리면 이해하기 쉬울 것입니다. 하나님께서 우리에게 안식일을 지키라고 하신 것은 안식일을 통해 천국을 미리 경험할 수 있기 때문입니다. 우리는 안식일에 일상의 업무를 내려놓고, 하나님과의 교제에 집중합니다. 하나님의 말씀을 듣고, 하나님을 찬양하며, 하나님의 자녀들과 교제합니다. 온종일 하나님을 예배하면서 신령한 기쁨과 영적인 힘을 공급받습니다. 그리하여 나머지 육일을 거룩하게 살아갈 힘을 얻습니다. 바로 이것이 예수님께서, 사람을 위해 안식일이 있는 것이라고 말씀하신 이유입니다.(막2:27)

58문답 : 제4계명이 명하는 것은 무엇입니까? 제4계명이 명하는 것은 하나님께서 주님의 말씀으로 정하신 일정한 시간을 하나님께 거룩하게 지키는 것, 곧 이레 중 하루를 종일토록 하나님께 거룩한 안식일로 지키라는 것입니다.

하나님께서 안식일을 지키되 "거룩히 지키라."고 하셨습니다. 그러므로 안식일은 하나님을 예배하는 일에 최선을 다하는 날이 되어야 합니다. 예배를 잘 드리기 위해서는 토요일부터 준비해야 합니다. 헛된 일로 시간을 낭비하다 늦게 잠드는 것 보다는 일찍 잠자리에 들어서 최상의 상태로 예배에 참석하는 것이 좋습니다. 성도의 교제를 나누는 일도 중요합니다. 그냥 예배만 드리고 돌아가기 보다는 성도의 교제를 통해 서로의 기쁨과 슬픔을 나누는 것이 바람직합니다. 특별한 사정으로 주일 예배에 참석하지 못한 성도가 있다면 찾아가 위로하는 것도 성도의 교제를 나누는 중요한 방식입니다.

59문답 : 하나님께서 이레 중 어느 날을 매주의 안식일로 정하셨습니까? 세상의 처음부터 그리스도의 부활까지는 매주의 일곱째 날을 안식일로 정하셨고, 그 후부터 세상의 끝날까지는 매주의 첫째 날을 안식일로 정하셨는데, 이날이 그리스도인의 안식일입니다.

어떤 이단들은 토요일이 일곱 번째 날이기 때문에 반드시 토요일을 안식일로 지켜야 한다고 주장합니다. 하지만 하나님께서 말씀하신 일곱째 날은 순서에 따른 것이 아니라, 비율에 따른 것입니다. 반드시 일곱 번째 순서를 안식일로 지키라는 것이 아니라, 칠일 중 하루를 안식일로 지키라는 것입니다. 그래서 초대교회 성도들은 그리스도께서 부활하신 날을 새로운 안식일로 기념하여 지켰습니다. 신약 시대 성도들은 6일을 일하고 하루를 쉬었다는 점에서 구약의 성도들과 아무 차이 없이 안식일을 지켰고, 사도들 가운데 어느 누구도 이것을 문제 삼지 않았습니다. 이 새로운 안식일을 주님의 날이라는 뜻으로 '주일'이라 합니다.

60문답 : 안식일을 어떻게 거룩하게 지킬 수 있습니까? 우리는 그날 종일을 거룩하게 쉬고 다른 날에 정당한 세상일과 오락까지도 쉬고, 또한 그 모든 시간을 하나님께 공적으로나 개인적으로 예배드리는 데에 사용함으로써 안식일을 거룩하게 지킵니다. 다만 불가피한 일과 자비를 베푸는 일은 행할 수 있습니다.

안식으로 번역된 히브리어 '샤바트'는 '그만두다.' 또는 '중단하다.'를 의미합니다. 주일은 평소에 하던 일을 쉬어야 합니다. 학생은 공부를 중단해야 하고, 직장인은 노동을 중단해야 하며 상인은 장사를 중단해야 합니다. 그리고 예배하는 일에 집중해야 합니다. 공적으로는 교회의 공예배에 참석해야 하고, 사적으로는 평소에 전념하기 어려웠던 성경읽기와 기도, 찬송과 성도의 교제 등의 행위를 해야 합니다. 하지만 불가피한 일은 할 수 있습니다. 예를 들어 주일이라 하여 병원과 소방서, 군대와 경찰서가 문을 닫아버리면 심각한 문제가 발생할 것입니다. 또 자비를 베푸는 일도 할 수 있습니다. 예수님은 제사를 드리는 일만큼, 자비를 베푸는 일도 중요하다고 하셨습니다.(마12:7)

61문답 : 제4계명이 금하는 것은 무엇입니까? 제4계명이 금하는 것은 명하신 의무를 이행하지 않거나 부주의하게 이행하는 것이며, 게으르거나 그 자체로 죄악적인 일을 하거나 또는 세상일과 오락에 관련된 불필요한 생각과 말과 일을 함으로써 그날을 더럽히는 것입니다.

그저 쉬기만 해서는 주일을 잘 지킨 것이라 할 수 없습니다. 단순히 빈둥거리면서 게으르게 시간을 보낸다면 불신자가 주말에 쉬는 것과 다르지 않습니다. 그런 점에서 형식적으로 예배에 참여하는 것은 주일을 바르게 지킨 것이 아닙니다. 또 하나님께서 베푸신 은혜에 감사하는 마음 없이 주일을 보낸다면 그것 역시 주일을 어긴 것입니다. 그런데 주일을 지키기 위해서는 나머지 육일 동안 열심히 일을 해야 합니다. 그렇지 않으면 평일에 하지 못한 일을 주일에 모아서 하게 됩니다. 그러므로 제4계명은 주일 하루만이 아니라 칠일 내내 지켜야 하는 계명입니다.

62문답 : 제4계명을 지킬 이유로 이어서 말씀하신 것은 무엇입니까? 제4계명을 지킬 이유로 이어서 말씀하신 것은 우리 자신의 일을 하도록 엿새를 허락하여 주셨고, 제칠 일을 주님의 특별한 소유로 주장하셨고, 친히 모범을 보여 주셨고, 안식일을 복 주신 것입니다.

평소에 하던 일을 중단하는 것은 쉬운 일이 아닙니다. 학생이 공부를 중단하고, 직장인이 노동을 중단하고, 상인이 장사를 중단하기 위해서는 상당한 용기가 필요합니다. 일주일 중 하루를 쉬어 버리면 세상에서 뒤처질지 모른다는 두려움 때문입니다. 하지만 평소에 공부를 하거나 일을 하는 목적이 하나님의 영광을 위한 것이었다면, 그 일을 중단하는 것도 하나님께 영광 돌리는 일입니다. 하나님은 제사보다 순종을 기뻐하시기 때문입니다.(삼상15:22) 그리고 주일에 일을 쉰다고 하여 큰 문제가 생기지는 않습니다. 하나님께서 주일을 지키는 자들을 은혜로 돌보시기 때문입니다. 하나님은 안식일을 거룩하게 지키는 자에게 복을 주시겠다고 약속하셨습니다.(사58:13-14) 우리는 세상의 성공이 아니라, 하나님께서 주실 복을 사모하며 힘써 주일을 지켜야 합니다.

5. 핵심 정리

53문 : 제3계명은 하나님의 이름을 아무 생각 없이 부르는 행위를 금지합니다.
54문 : 제3계명은 특별히 예배 시간에 하나님의 이름과 말씀을 신중하게 사용할 것을 명령합니다.
55문 : 경건하지 않은 마음으로 예배에 참석하는 것도 제3계명을 범하는 행위입니다.
56문 : 제3계명을 어기는 사람은 인간의 심판은 피할 수 있어도 하나님의 심판은 피할 수 없습니다.
57문 : 제4계명은 안식일을 기억하여 거룩하게 지키는 것입니다.
58문 : 안식일에는 거룩하게 쉬면서 하나님을 예배해야 합니다.
59문 : 그리스도의 부활 이후로 한 주간의 첫째 날이 거룩한 안식일입니다.
60문 : 주일에는 평소에 하던 일을 중단해야 합니다.
61문 : 아무 생각 없이 쉬는 것은 불신자가 주말에 쉬는 것과 다를 바가 없습니다.
62문 : 주일을 지키는 자에게 하나님의 복이 약속되어 있습니다.

6. 근거 구절

53문 : 제3계명은 "너는 너의 하나님 여호와의 이름을 망령되이 일컫지 말라. 나 여호와는 나의 이름을 망령되이 일컫는 자를 죄 없다 하지 아니하리라." 하신 것입니다.
　출 20:7 너는 너의 하나님 여호와의 이름을 망령되이 일컫지 말라. 나 여호와는 나의 이름을 망령되이 일컫는 자를 죄 없다 하지 아니하리라.
　신 5:11 너는 너의 하나님 여호와의 이름을 망령되이 일컫지 말라. 나 여호와는 나의 이름을 망령되이 일컫는 자를 죄 없는 줄로 인정치 아니하리라.

54문 : 제3계명이 명하는 것은 하나님의 이름과 칭호와
　신 28:58 네가 만일 이 책에 기록한 이 율법의 모든 말씀을 지켜 행하지

아니하고 네 하나님 여호와라 하는 영화롭고 두려운 이름을 경외하지 아니하면.

시 29:2 여호와의 이름에 합당한 영광을 돌리며 거룩한 옷을 입고 여호와께 경배할지어다.

속성과

계 15:3-4 하나님의 종 모세의 노래, 어린양의 노래를 불러 가로되 주 하나님 곧 전능하신 이시여 하시는 일이 크고 기이하시도다. 만국의 왕이시여 주의 길이 의롭고 참되시도다. ⁴주여 누가 주의 이름을 두려워하지 아니하며 영화롭게 하지 아니하오리이까? 오직 주만 거룩하시니이다. 주의 의로우신 일이 나타났으매 만국이 와서 주께 경배하리이다 하더라.

규례와

말 1:11, 14 만군의 여호와가 이르노라. 해 뜨는 곳에서부터 해 지는 곳까지의 이방 민족 중에서 내 이름이 크게 될 것이라. 각처에서 내 이름을 위하여 분향하며 깨끗한 제물을 드리리니 이는 내 이름이 이방 민족 중에서 크게 될 것임이니라. ¹⁴떼 가운데 수컷이 있거늘 그 서원하는 일에 흠 있는 것으로 사기하여 내게 드리는 자는 저주를 받으리니 나는 큰 임금이요 내 이름은 열방 중에서 두려워하는 것이 됨이니라. 만군의 여호와의 말이니라.

말씀과

시 138:1-2 내가 전심으로 주께 감사하며 신들 앞에서 주께 찬양하리이다. ²내가 주의 성전을 향하여 경배하며 주의 인자하심과 성실하심을 인하여 주의 이름에 감사하오리니 이는 주께서 주의 말씀을 주의 모든 이름 위에 높게 하셨음이라.

행사를 존경하는 마음으로 거룩하게 사용하라는 것입니다.

시 107:21-22 여호와의 인자하심과 인생에게 행하신 기이한 일을 인하여 그를 찬송할지로다. ²²감사제를 드리며 노래하여 그 행사를 선포할지로다.

55문 : 제3계명이 금하는 것은 하나님께서 자기를 나타내시는 데 쓰시는 것을 속되게 하거나 잘못 사용하는 것입니다.

레 19:12 너희는 내 이름으로 거짓 맹세함으로 네 하나님의 이름을 욕되게 하지 말라. 나는 여호와니라.

56문 : 제3계명을 지킬 이유로 이어서 말씀하신 것은 이 계명을 범한 자들이 비록 사람의 형벌은 피할 수 있어도, 여호와 우리 하나님의 의로운 심판은 피할 수 없다는 것입니다.

삼상 2:12, 17, 22, 29 엘리의 아들들은 불량자라 여호와를 알지 아니하더라. ¹⁷이 소년들의 죄가 여호와 앞에 심히 큼은 그들이 여호와의 제사를 멸시함이었더라. ²²엘리가 매우 늙었더니 그 아들들이 온 이스라엘에게 행한 모든 일과 회막문에서 수종 드는 여인과 동침하였음을 듣고 ²⁹너희는 어찌하여 내가 나의 처소에서 명한 나의 제물과 예물을 밟으며 네 아들들을 나보다 더 중히 여겨 내 백성 이스라엘의 드리는 가장 좋은 것으로 스스로 살지게 하느냐?

삼상 3:13 내가 그 집을 영영토록 심판하겠다고 그에게 이른 것은 그의 아는 죄악을 인함이니 이는 그가 자기 아들들이 저주를 자청하되 금하지 아니하였음이니라.

삼상 4:11 하나님의 궤는 빼앗겼고 엘리의 두 아들 홉니와 비느하스는 죽임을 당하였더라.

57문 : 제4계명은 "안식일을 기억하여 거룩히 지키라. 엿새 동안은 힘써 네 모든 일을 행할 것이나, 제칠 일은 너의 하나님 여호와의 안식일인즉, 너나 네 아들이나 네 딸이나 네 남종이나 네 여종이나 네 육축이나 네 문안에 유하는 객이라도 아무 일도 하지 말라. 이는 엿새 동안에 나 여호와가 하늘과 땅과 바다와 그 가운데 모든 것을 만들고 제칠 일에 쉬었음이라. 그러므로 나 여호와가 안식일을 복되게 하여 그날을 거룩하게 하였느니라." 하신 것입니다.

출 20:8-11 안식일을 기억하여 거룩히 지키라. 9엿새 동안은 힘써 네 모든 일을 행할 것이나, 10제칠 일은 너의 하나님 여호와의 안식일인즉 너나 네 아들이나 네 육축이나 네 문안에 유하는 객이라도 아무 일도 하지 말라. 11이는 엿새 동안에 나 여호와가 하늘과 땅과 바다와 그 가운데 모든 것을 만들고 제칠 일에 쉬었음이라. 그러므로 나 여호와가 안식일을 복되게 하여 그날을 거룩하게 하였느니라.

신 5:12-15 여호와 너의 하나님이 네게 명한 대로 안식일을 지켜 거룩하게 하라. 13엿새 동안은 힘써 네 모든 일을 행할 것이나, 14제칠 일은 너의 하나님 여호와의 안식인즉 너나 네 아들이나 네 딸이나 네 남종이나 네 여종이나 네 소나 네 나귀나 네 모든 육축이나 네 문안에 유하는 객이라도 아무 일도 하지 말고 네 남종이나 네 여종으로 너같이 안식하게 할지니라. 15너는 기억하라. 네가 애굽 땅에서 종이 되었더니 너의 하나님 여호와가 강한 손과 편 팔로 너를 거기서 인도하여 내었나니 그러므로 너의 하나님 여호와가 너를 명하여 안식일을 지키라 하느니라.

58문 : 제4계명이 명하는 것은 하나님께서 주님의 말씀으로 정하신 일정한 시간을 하나님께 거룩하게 지키는 것, 곧 이레 중 하루를 종일토록 하나님께 거룩한 안식일로 지키라는 것입니다.

출 31:13, 16-17 너는 이스라엘 자손에게 고하여 이르기를 너희는 나의 안식일을 지키라. 이는 나와 너희 사이에 너희 대대의 표징이니 나는 너희를 거룩하게 하는 여호와인 줄 너희로 알게 함이라. 16이같이 이스라엘 자손이 안식일을 지켜서 그것으로 대대로 영원한 언약을 삼을 것이니 [17]이는 나와 이스라엘 자손 사이에 영원한 표징이며 나 여호와가 엿새 동안에 천지를 창조하고 제칠 일에 쉬어 평안하였음이니라 하라.

59문 : 세상의 처음부터 그리스도의 부활까지는 매주의 일곱째 날을 안식일로 정하셨고,
출 20:11 이는 엿새 동안에 나 여호와가 하늘과 땅과 바다와 그 가운데 모든 것을 만들고 제칠 일에 쉬었음이라. 그러므로 나 여호와가 안식일을 복되게 하여 그날을 거룩하게 하였느니라.

그 후부터 세상의 끝 날까지는 매주의 첫째 날을 안식일로 정하셨는데, 이날이 그리스도인의 안식일입니다.
행 20:7 안식 후 첫날에 우리가 떡을 떼려 하여 모였더니 바울이 이튿날 떠나고자 하여 저희에게 강론할 새 말을 밤중까지 계속하매.
고전 16:2 매주일 첫날에 너희 각 사람이 이(利)를 얻은 대로 저축하여 두어서 내가 갈 때에 연보를 하지 않게 하라.
계 1:10 주의 날에 내가 성령에 감동하여 내 뒤에서 나는 나팔소리 같은 큰 음성을 들으니.

60문 : 우리는 그날 종일을 거룩하게 쉬고 다른 날에 정당한 세상일과 오락까지도 쉬고,
출 20:10 제칠 일은 너의 하나님 여호와의 안식일인즉, 너나 네 아들이나 네 육축이나 네 문안에 유하는 객이라도 아무 일도 하지 말라.
사 58:13-14 만일 안식일에 네 발을 금하여 내 성일에 오락을 행치 아니하고 안식일을 일컬어 즐거운 날이라, 여호와의 성일을 존귀한 날이라 하여 이를 존귀히 여기고 네 길로 행치 아니하며 네 오락을 구치 아니하며 사사로운 말을 하지 아니하면 [14]네가 여호와의 안에서 즐거움을 얻을 것이라. 내가 너를 땅의 높은 곳에 올리고 네 조상 야곱의 업으로 기르리라. 여호와의 입의 말이니라.

또한 그 모든 시간을 하나님께 공적으로나 개인적으로 예배드리는 데에 사용함으로써 안식일을 거룩하게 지킵니다.

시 92:1-3 [안식일의 찬송시] 지존자여 십현금과 비파와 수금의 정숙한 소리로 여호와께 감사하며 주의 이름을 찬양하며 아침에 주의 인자하심을 나타내며 밤마다 주의 성실하심을 베풂이 좋으니이다.

눅 4:16 예수께서 그 자라나신 곳 나사렛에 이르사 안식일에 자기 규례대로 회당에 들어가사 성경을 읽으려고 서시매.

다만 불가피한 일과 자비를 베푸는 일은 행할 수 있습니다.

마 12:1-13 그때에 예수께서 안식일에 밀밭 사이로 가실새 제자들이 시장하여 이삭을 잘라 먹으니 ²바리새인들이 보고 예수께 고하되 보시오 당신의 제자들이 안식일에 하지 못할 일을 하나이다. ³예수께서 가라사대 다윗이 자기와 그 함께 한 자들이 시장할 때에 한 일을 읽지 못하였느냐? ⁴그가 하나님의 전에 들어가서 제사장 외에는 자기나 그 함께한 자들이 먹지 못하는 진설병을 먹지 아니하였느냐? ⁵또 안식일에 제사장들이 성전 안에서 안식을 범하여도 죄가 없음을 너희가 율법에서 읽지 못하였느냐? ⁶내가 너희에게 이르노니 성전보다 더 큰 이가 여기 있느니라. ⁷나는 자비를 원하고 제사를 원치 아니하노라 하신 뜻을 너희가 알았더면 무죄한 자를 죄로 정치 아니하였으리라. ⁸인자는 안식일의 주인이니라 하시니라. ⁹거기를 떠나 저희 회당에 들어가시니 ¹⁰한편 손 마른 사람이 있는지라. 사람들이 예수를 송사하려 하여 물어 가로되 안식일에 병 고치는 것이 옳으니이까? ¹¹예수께서 가라사대 너희 중에 어느 사람이 양 한 마리가 있어 안식일에 구덩이에 빠졌으면 붙잡아 내지 않겠느냐? ¹²사람이 양보다 얼마나 더 귀하냐? 그러므로 안식일에 선을 행하는 것이 옳으니라 하시고 ¹³이에 그 사람에게 이르시되 손을 내밀라 하시니 저가 내밀매 다른 손과 같이 회복되어 성하더라.

61문 : 제4계명이 금하는 것은 명하신 의무를 이행하지 않거나 부주의하게 이행하는 것이며,

> 겔 22:26 그 제사장들은 내 율법을 범하였으며 나의 성물을 더럽혔으며 거룩함과 속된 것을 분변치 아니하였으며 부정함과 정한 것을 사람으로 분변하게 하지 아니하였으며 그 눈을 가리워 나의 안식일을 보지 아니하였으므로 내가 그 가운데서 더럽힘을 받았느니라.

게으르거나 그 자체로 죄악적인 일을 하거나
> 겔 23:38 이외에도 그들이 내게 행한 것이 있나니 당일에 내 성소를 더럽히며 내 안식일을 범하였도다.

또는 세상일과 오락에 관련된 불필요한 생각과 말과 일을 함으로써 그날을 더럽히는 것입니다.
> 렘 17:24-27 나 여호와가 말하노라. 너희가 만일 삼가 나를 청종하여 안식일에 짐을 지고 이 성문으로 들어오지 아니하며 안식일을 거룩히 하여 아무 일이든지 하지 아니하면 25다윗의 위에 앉는 왕들과 방백들이 병거와 말을 타고 이 성문으로 들어오되 그들과 유다 모든 백성과 예루살렘 거민들이 함께 그리할 것이요 이 성은 영영히 있을 것이며 26사람들이 유다 성읍들과 예루살렘에 둘린 곳들과 베냐민 땅과 평지와 산지와 남방에서 이르러서 번제와 희생과 소제와 유향과 감사의 희생을 가지고 여호와의 집으로 오려니와 27너희가 나를 청종치 아니하고 안식일을 거룩케 아니하여 안식일에 짐을 지고 예루살렘 문으로 들어오면 내가 성문에 불을 놓아 예루살렘 궁전을 삼키게 하리니 그 불이 꺼지지 아니하리라 하셨다 할지니라.

62문 : 제4계명을 지킬 이유로 이어서 말씀하신 것은 우리 자신의 일을 하도록 엿새를 허락하여 주셨고,
> 출 20:9 엿새 동안은 힘써 네 모든 일을 행할 것이나.

제칠 일을 주님의 특별한 소유로 주장하셨고, 친히 모범을 보여 주셨고, 안식일을 복 주신 것입니다.

창 2:2-3 하나님의 지으시던 일이 일곱째 날이 이를 때에 마치니 그 지으시던 일이 다하므로 일곱째 날에 안식하시니라. ³하나님이 일곱째 날을 복 주사 거룩하게 하셨으니 이는 하나님이 그 창조하시며 만드시던 모든 일을 마치시고 이날에 안식하셨음이더라.

10주차

제63-69문 5-6계명

1. 서론

처음 네 계명의 핵심이 예배였던 것처럼, 이어지는 여섯 계명의 핵심도 예배입니다. 차이가 있다면 처음 네 계명이 의식으로 드리는 예배에 대해 설명하는 반면, 이어지는 여섯 계명은 삶으로 드리는 예배에 대해 설명한다는 점입니다. 여기서는 부모 공경을 설명하는 제5계명과 생명 존중을 설명하는 제6계명에 대해 알아보겠습니다.

2. 구조

하나님 사랑 (45-62문)	제1-4계명(45-62문)	예배의 대상, 방법, 태도, 시간	의식으로 드리는 예배
이웃 사랑 (63-81문)	제5계명(63-66문)	부모를 공경하라.	삶으로 드리는 영적인 예배
	제6계명(67-69문)	살인하지 말라.	
	제7계명(70-72문)	간음하지 말라.	
	제8계명(73-75문)	도둑질하지 말라.	
	제9계명(76-78문)	거짓 증거하지 말라.	
	제10계명(79-81문)	이웃의 집을 탐내지 말라.	

3. 소요리문답

63문 : 제5계명이 무엇입니까?

답 : 제5계명은 "네 부모를 공경하라. 그리하면 너의 하나님 나 여호와가 네게 준 땅에서 네 생명이 길리라." 하신 것입니다.

64문 : 제5계명이 명하는 것은 무엇입니까?

답 : 제5계명이 명하는 것은 윗사람과 아랫사람, 그리고 동료와 같은, 각각의 여러 지위

와 인륜(人倫) 관계에서 각 사람의 명예를 존중하고 각 사람에 대한 의무를 수행하라는 것입니다.

65문 : 제5계명이 금하는 것은 무엇입니까?
  답 : 제5계명이 금하는 것은 각각의 여러 지위와 인륜 관계에서 각 사람의 명예를 존중하지 않고, 각 사람에 대한 의무 수행하기를 소홀히 하거나 거스르는 것입니다.

66문 : 제5계명을 지킬 이유로 이어서 말씀하신 것은 무엇입니까?
  답 : 제5계명을 지킬 이유로 이어서 말씀하신 것은 이 계명을 지키는 모든 사람이 장수하고 번영하리라는 약속입니다. 다만 하나님께 영광이 되고 그들에게 선이 되는 한, 그렇습니다.

67문 : 제6계명이 무엇입니까?
  답 : 제6계명은 "살인하지 말지니라." 하신 것입니다.

68문 : 제6계명이 명하는 것은 무엇입니까?
  답 : 제6계명이 명하는 것은 모든 정당한 노력을 기울여 자기 자신의 생명과 다른 사람의 생명을 보존하라는 것입니다.

69문 : 제6계명이 금하는 것은 무엇입니까?
  답 : 제6계명이 금하는 것은 자기 자신의 생명이나 이웃의 생명을 불의하게 빼앗거나 죽음으로 이끄는 모든 것입니다.

4. 핵심 해설

63문답 : 제5계명이 무엇입니까? 제5계명은 "네 부모를 공경하라. 그리하면 너의 하나님 나 여호와가 네게 준 땅에서 네 생명이 길리라." 하신 것입니다.

제5계명은 "네 부모를 공경하라."입니다. '공경'으로 번역된 히브리어 '카베드'는 존경하라는 뜻입니다. 대부분의 영어 성경도 '카베드'를 '존경하라'(honor)로 번역합니다. 상대방을 존경한다는 것은, 존경의 대상에게 순종하고 복종한다는 것입니다. 그러므로 제5계명은 부모에게 순종하라는 의미로 이해해야 합니다. 부모에게 순종해야 하는 이유는 부모가 하나님을 대리하는 존재이기 때문입니다. 부모는 하나님 대신 우리를 낳고, 키우고, 가르치는 존재입니다. 하늘 아버지께서 육신의 부모를 통해 우리를 돌보시므로, 부모에게 순종하는 것은 마땅합니다.

64문답 : 제5계명이 명하는 것은 무엇입니까? 제5계명이 명하는 것은 윗사람과 아랫사람, 그리고 동료와 같은, 각각의 여러 지위와 인륜(人倫) 관계에서 각 사람의 명예를 존중하고 각 사람에 대한 의무를 수행하라는 것입니다.

십계명은 모든 도덕법을 열 가지로 압축한 것이므로, 십계명을 우리 삶에 적용할 때는 압축된 의미를 확장해야 합니다. 제5계명도 마찬가지입니다. 제5계명이 부모 공경을 말한다고 해서, 부모만 공경하라고 말하는 것은 아닙니다. 모든 사람을 공경해야 한다는 것을, 부모 공경으로 압축한 것입니다. "그리스도를 경외함으로 피차 복종하라."(엡5:21)는 말씀처럼, 서로서로 복종하는 것이 하나님의 뜻입니다. 그럼에도 불구하고 제5계명에서 부모만을 언급한 중요한 이유가 있습니다. 부모는 우리가 가장 먼저 관계를 맺는 대상으로서, 모든 인간관계의 근본입니다. 부모에게 순종하는 법을 배우지 않고는, 다른 사람에게 순종할 수 없으므로, 특별히 부모를 언급하고 있는 것입니다.

65문답 : 제5계명이 금하는 것은 무엇입니까? 제5계명이 금하는 것은 각각의 여러 지위와 인륜 관계에서 각 사람의 명예를 존중하지 않고, 각 사람에 대한 의무 수행하기를 소홀히 하거나 거스르는 것입니다.

제5계명의 실천 범위는 가정을 뛰어넘습니다. 부모뿐만 아니라 모든 사람에게 순종하는 것이 하나님의 뜻입니다. 그렇다면 마음에 들지 않는 사람에게는 어떻게 해야 할까요? 예를 들어 부모가 마음에 들지 않는다면, 또는 직장의 상사나 학교의 교사가 마음에 들지 않는다면 불응해도 될까요? 이에 대해 베드로전서 2:18은 이렇게 답합니다. "사환들아 범사에 두려워함으로 주인들에게 순종하되 선하고 관용하는 자들에게만 아니라 또한 까다로운 자들에게도 그리하라." 성경은 내 마음에 들지 않는다고 해서 윗사람에게 불응하는 것을 허락하지 않습니다. 그 권위조차도 하나님께서 주신 것이기 때문입니다.(롬13:1) 하지만 성경이 무조건적 순종을 요구하는 것은 아닙니다. 순종하되 주 안에서 순종해야 합니다.(엡6:1) 누구의 명령이든 하나님의 가르침과 배치될 때는 순종하지 않아도 됩니다.

66문답 : 제5계명을 지킬 이유로 이어서 말씀하신 것은 무엇입니까? 제5계명을 지킬 이유로 이어서 말씀하신 것은 이 계명을 지키는 모든 사람이 장수하고 번영하리라는 약속입니다. 다만 하나님께 영광이 되고 그들에게 선이 되는 한 그렇습니다.

세상에서는 피차 복종하는 모습을 쉽게 찾아볼 수 없습니다. 자신은 상대방에게 복종하기를 싫어하면서, 상대방만 자신에게 복종하기를 원하는 것이 사람의 본성입니다. 하지만 하나님께 은혜 받은 사람은 피차 복종하는 삶을 살 수 있습니다. 그런 점에서 제5계명을 힘써 지키는 성도의 모습은 하나님이 살아 계시다는 증거입니다. 하나님께서 제5계명을 지키는 사람들에게 장수와 번영의 복을 주시는 것도 이 때문입니다. 하지만 제5계명을 지킨다고 하여 반드시 장수와 번영이 보장되는 것은 아닙니다. 하나님의 영광과 성도들의 영혼에 유익할 때만 그렇게 하십니다.(시119:71)

67문답 : 제6계명이 무엇입니까? 제6계명은 "살인하지 말지니라." 하신 것입니다.

제6계명은 사람의 생명을 빼앗지 말라는 것인데, 핵심은 '사람'과 '생명'입니다. 먼저 '사람'에 대해 생각해 봅시다. 길을 가다가 실수로 애벌레나 개미를 밟아 죽인 것은 제6계명에 해당되지 않습니다. 사람이 아니기 때문입니다. 동일한 관점에서 닭이나 돼지 같은 동물을 먹기 위해 도축하는 것도 제6계명에 해당되지 않습니다. 다음으로 '생명'에 대해 생각해 봅시다. 하나님은 사람을 흙으로 빚으신 후 직접 생명을 불어넣어 창조하셨습니다. 그래서 사람의 생명은 짐승이나 곤충의 생명과는 다릅니다. 사람을 '하나님의 형상'이라고 하는 이유가 여기에 있습니다. 우리가 사람을 함부로 대하는 것은 곧 하나님의 형상을 함부로 대하는 것이나 마찬가지입니다.(창9:6)

성경이 살인을 허용하는 세 가지 경우	
1. 정당 방어	도둑이 뚫고 들어오는 것을 보고 그를 쳐죽이면 피 흘린 죄가 없으나.(출22:2)
2. 국방의 의무	그가 공연히 칼을 가지지 아니하였으니 곧 하나님의 사역자가 되어 악을 행하는 자에게 진노하심을 따라 보응하는 자니라.(롬13:4)
3. 사형제도	다른 사람의 피를 흘리면 그 사람의 피도 흘릴 것이니 이는 하나님이 자기 형상대로 사람을 지으셨음이니라.(창9:6)

68문답 : 제6계명이 명하는 것은 무엇입니까? 제6계명이 명하는 것은 모든 정당한 노력을 기울여 자기 자신의 생명과 다른 사람의 생명을 보존하라는 것입니다.

살인하지 않았다고 해서 제6계명을 모두 지킨 것은 아닙니다. 사람의 생명을 보존하기 위해서도 노력해야 합니다. 첫째, 하나님의 형상인 우리 자신을 소중히 여기고 사랑해야 합니다. 생명을 위태롭게 하는 일에 도전하거나, 담배, 술, 약물 중독 등 건강을 해치는 습관을 버려야 합니다. 둘째, 하나님의 형상인 이웃들을 섬기고 사랑해야 합니다. 특히 누군가의 도움 없이 하루하루를 지탱하기 힘든 사람들을 내버려 두지 말아야 합니다. 그들이 하나님의 형상으로서 존엄성을 지킬 수 있도록 도와주어야 합니다.

69문답 : 제6계명이 금하는 것은 무엇입니까? 제6계명이 금하는 것은 자기 자신의 생명이나 이웃의 생명을 불의하게 빼앗거나 죽음으로 이끄는 모든 것입니다.

생명을 해치는 행위뿐만 아니라 인간의 존엄성을 해치는 행위도 살인입니다. 이것은 예수님의 가르침에 근거합니다. "옛 사람에게 말한 바 살인하지 말라 누구든지 살인하면 심판을 받게 되리라 하였다는 것을 너희가 들었으나 나는 너희에게 이르노니 형제에게 노하는 자마다 심판을 받게 되고 형제를 대하여 라가라 하는 자는 공회에 잡혀가게 되고 미련한 놈이라 하는 자는 지옥 불에 들어가게 되리라."(마5:21-22) 그러므로 누군가에게 욕을 하는 것도 살인입니다. 저 사람이 죽거나 사라졌으면 좋겠다는 생각을 품는 것도 살인입니다. 살인은 흉기가 있어야만 짓는 죄가 아닙니다. 사실 우리는 말과 혀로 매일 같이 살인을 저지르고 있습니다.

5. 핵심 정리

63문 : 부모에게 순종해야 하는 이유는 부모가 하나님의 대리자이기 때문입니다.
64문 : 윗사람만이 아니라 아랫사람이나 동등한 지위에 있는 사람에게도 순종해야 합니다.
65문 : 마음에 들지 않는 사람에게도 순종해야 합니다. 하지만 하나님의 뜻에 위배될 때는 불응해야 합니다.
66문 : 제5계명을 지키는 성도에게는 그것이 영적으로 유익한 경우에 한 해 장수와 번영의 복이 약속되어 있습니다.
67문 : 사람의 생명을 해쳐서는 안 됩니다. 사람은 하나님의 형상이기 때문입니다.
68문 : 사람의 생명을 해치지 않을 뿐 아니라, 보존하기 위해서도 노력해야 합니다.
69문 : 생각과 말로 인간의 존엄성을 해치는 것도 살인입니다.

6. 근거 구절

63문 : 제5계명은 "네 부모를 공경하라. 그리하면 너의 하나님 나 여호와가 네게 준 땅에서 네 생명이 길리라." 하신 것입니다.

출 20:12 네 부모를 공경하라. 그리하면 너의 하나님 나 여호와가 네게 준 땅에서 네 생명이 길리라.

신 5:16 너는 너의 하나님 여호와의 명한 대로 네 부모를 공경하라. 그리하면 너의 하나님 여호와가 네게 준 땅에서 네가 생명이 길고 복을 누리리라.

64문 : 제5계명이 명하는 것은 윗사람과 아랫사람,

롬 13:1, 7 각 사람은 위에 있는 권세들에게 굴복하라. 권세는 하나님께로 나지 않음이 없나니 모든 권세는 다 하나님의 정하신 바라. [7]모든 자에게 줄 것을 주되 공세를 받을 자에게 공세를 바치고 국세 받을 자에게 국세를 바치고 두려워할 자를 두려워하며 존경할 자를 존경하라.

엡 6:1, 4-5, 9 자녀들아 너희 부모를 주 안에서 순종하라. 이것이 옳으니라. [4]또 아비들아 너희 자녀를 노엽게 하지 말고 오직 주의 교양과 훈계로 양육하라. [5]종들아 두려워하고 떨며 성실한 마음으로 육체의 상전에게 순종하기를 그리스도께 하듯 하여. [9]상전들아 너희도 저희에게 이와 같이 하고 공갈을 그치라. 이는 저희와 너희의 상전이 하늘에 계시고 그에게는 외모로 사람을 취하는 일이 없는 줄 너희가 앎이니라.

그리고 동료와 같은, 각각의 여러 지위와 인륜(人倫) 관계에서 각 사람의 명예를 존중하고 각 사람에 대한 의무를 수행하라는 것입니다.

롬 12:10 형제를 사랑하여 서로 우애하고 존경하기를 서로 먼저 하며.

65문 : 제5계명이 금하는 것은 각각의 여러 지위와 인륜 관계에서 각 사람의 명예를 존중하지 않고, 각 사람에 대한 의무 수행하기를 소홀히 하거나 거스르는 것입니다.

마 15:4-6 하나님이 이르셨으되 네 부모를 공경하라 하시고 또 아비나 어미를 훼방하는 자는 반드시 죽으리라 하셨거늘 ⁵너희는 가로되 누구든지 아비에게나 어미에게 말하기를 내가 드려 유익하게 할 것이 하나님께 드림이 되었다고 하기만 하면 ⁶그 부모를 공경할 것이 없다 하여 너희 유전으로 하나님의 말씀을 폐하는도다.

66문 : 제5계명을 지킬 이유로 이어서 말씀하신 것은 이 계명을 지키는 모든 사람이 장수하고 번영하리라는 약속입니다. 다만 하나님께 영광이 되고 그들에게 선이 되는 한, 그렇습니다.

출 20:12 네 부모를 공경하라. 그리하면 너의 하나님 나 여호와가 네게 준 땅에서 네 생명이 길리라.

엡 6:2-3 네 아버지와 어머니를 공경하라. 이것이 약속 있는 첫 계명이니 ³이는 네가 잘 되고 땅에서 장수하리라.

67문 : 제6계명은 "살인하지 말지니라." 하신 것입니다.

출 20:13 살인하지 말지니라.

신 5:17 살인하지 말지니라.

68문 : 제6계명이 명하는 것은 모든 정당한 노력을 기울여 자기 자신의 생명과

엡 5:28-29 이와 같이 남편들도 자기 아내 사랑하기를 제 몸같이 할지니 자기 아내를 사랑하는 자는 자기를 사랑하는 것이라. ²⁹누구든지 언제든지 제 육체를 미워하지 않고 오직 양육하여 보호하기를 그리스도께서 교회를 보양함과 같이 하나니.

다른 사람의 생명을 보존하라는 것입니다.

시 82:3-4 가난한 자와 고아를 위하여 판단하며 곤란한 자와 빈궁한 자에게 공의를 베풀지며 ⁴가난한 자와 궁핍한 자를 구원하여 악인들의 손에서 건질지니라 하시는도다.

69문: 제6계명이 금하는 것은 자기 자신의 생명이나

행 16:28 바울이 크게 소리질러 가로되 네 몸을 상하지 말라. 우리가 다 여기 있노라 하니.

이웃의 생명을

창 9:6 무릇 사람의 피를 흘리면 사람이 그 피를 흘릴 것이니 이는 하나님이 자기 형상대로 사람을 지었음이니라.

불의하게 빼앗거나 죽음으로 이끄는 모든 것입니다.

마 5:22 나는 너희에게 이르노니 형제에게 노하는 자마다 심판을 받게 되고 형제를 대하여 라가라 하는 자는 공회에 잡히게 되고 미련한 놈이라 하는 자는 지옥 불에 들어가게 되리라.

요일 3:15 그 형제를 미워하는 자마다 살인하는 자니 살인하는 자마다 영생이 그 속에 거하지 아니하는 것을 너희가 아는 바라.

11주차

제70 - 75문 7-8계명

1. 서론

제5계명부터 제10계명까지는 삶으로 드리는 예배에 관한 규례입니다. 그런데 이 계명들은 모두 이웃을 사랑하는 구체적인 방법에 대해 말하고 있습니다. 삶으로 하나님을 예배하고자 한다면, 반드시 이웃을 사랑해야 함을 알 수 있습니다. 여기서는 성적인 순결함을 설명하는 제7계명과, 성실하고 정직한 경제활동을 설명하는 제8계명에 대해 알아보겠습니다.

2. 구조

하나님 사랑 (45–62문)	제1–4계명(45–62문)	예배의 대상, 방법, 태도, 시간	의식으로 드리는 예배
이웃 사랑 (63–81문)	제5계명(63–66문)	부모를 공경하라.	삶으로 드리는 영적인 예배
	제6계명(67–69문)	살인하지 말라.	
	제7계명(70–72문)	간음하지 말라.	
	제8계명(73–75문)	도둑질하지 말라.	
	제9계명(76–78문)	거짓 증거하지 말라.	
	제10계명(79–81문)	이웃의 집을 탐내지 말라.	

3. 소요리문답

70문 : 제7계명이 무엇입니까?
답: 제7계명은 "간음하지 말지니라." 하신 것입니다.

71문 : 제7계명이 명하는 것은 무엇입니까?
답 : 제7계명이 명하는 것은 마음과 말과 행동에서 자기 자신의 정조(貞操)와 이웃의 성적 순결을 보존하라는 것입니다.

72문 : 제7계명이 금하는 것은 무엇입니까?

답 : 제7계명이 금하는 것은 모든 부정(不貞)한 생각과 말과 행동입니다.

73문 : 제8계명이 무엇입니까?

답: 제8계명은 "도둑질하지 말지니라." 하신 것입니다.

74문 : 제8계명이 명하는 것은 무엇입니까?

답 : 제8계명이 명하는 것은 자기 자신이나 다른 사람의 부와 재산을 합법하게 얻고 증진시키라는 것입니다.

75문 : 제8계명이 금하는 것은 무엇입니까?

답 : 제8계명이 금하는 것은 자기 자신이나 이웃의 부와 재산에 부당하게 손해를 끼치거나 손해 끼칠 만한 일을 하는 것입니다.

4. 핵심 해설

70문답 : 제7계명이 무엇입니까? 제7계명은 "간음하지 말지니라." 하신 것입니다.

제7계명은 결혼 관계를 전제합니다. 결혼은 "하나님이 짝지어 주신 것을 사람이 나누지 못할지니라."(마19:6)는 예수님의 말씀처럼, 사람의 필요에 따라 생긴 제도가 아니라 하나님께서 친히 만드신 신성한 제도입니다. 하나님께서 결혼 제도를 만드신 이유는 하나님 나라의 확장을 위해서입니다. 창세기 1:28에서 "생육하고 번성하여 땅에 충만하라."고 하셨는데, 이 명령이 성취되기 위해서 남녀가 결혼을 하고 가정을 만들어야 합니다. 그러므로 결혼은 하나님께 영광 돌리는 수단이며, 가정을 분열시키는 일은 하나님의 나라를 무너뜨리는 일입니다.

71문답 : 제7계명이 명하는 것은 무엇입니까? 제7계명이 명하는 것은 마음과 말과 행동에서 자기 자신의 정조(貞操)와 이웃의 성적 순결을 보존하라는 것입니다.

성경은 배우자 외의 다른 사람과 성관계를 가지는 경우뿐만 아니라, 마음으로 음욕을 품는 것도 간음이라고 가르칩니다.(마5:28) 음욕을 품는 것조차 간음에 해당하는 이유는, 그런 생각이 부부 관계에 균열을 가져오기 때문입니다. 음란한 생각은 음란한 행동으로 이어지기 쉽고, 음란한 행동은 부부의 하나 됨을 파괴합니다. 그리하여 교회와 하나님 나라에 심각한 피해를 입힙니다. 그래서 이어지는 제72문은 모든 부정한 생각과 말과 행동이 간음이라고 말합니다.

72문답 : 제7계명이 금하는 것은 무엇입니까? 제7계명이 금하는 것은 모든 부정(不貞)한 생각과 말과 행동입니다.

제7계명은 결혼 제도의 신성함을 지키기 위한 것이므로, 하나님께서 정하신 결혼의 원리에서 벗어나는 모든 것이 간음입니다. 예를 들어 배우자를 하나님께서 짝지어 주신 사람으로 믿지 않는 것(마19:6), 고의로 자녀를 출산하지 않는 것(창1:28), 이유 없는 독신도 간음입니다.(창2:18) 그리고 배우자를 버리는 행동, 이혼도 간음입니다.(마5:32)

73문답 : 제8계명이 무엇입니까? 제8계명은 "도둑질하지 말지니라." 하신 것입니다.

제8계명이 성립하기 위해서는 두 가지가 전제되어야 합니다. 첫 번째는 '사유재산권'입니다. 만약 내 것과 다른 사람의 것이 구분되지 않는다면, 도둑질이라는 개념 자체가 존재할 수 없습니다. 그런 점에서 사유재산권을 인정하지 않는 사회주의는 성경적인 제도가 아닙니다. 두 번째는 '청지기 정신'입니다. 도둑질을 하지 말아야 하는 일차적인 이유는 만물의 주인이 하나님이시기 때문입니다. 각 사람의 소유는 하나님께서 그들에게 잠시 빌려준 것이므로(시89:11), 결국 모든 종류의 도둑질은 하나님을 향한 범죄입니다. 그런데 우리가 소유한 것들의 진정한 주인이 하나님이라는 점에서 하나님의 뜻대로 사용하지 않는 것도 도둑질입니다. 그런 점에서 개인의 이기심을 극대화하는 자본주의도 성경적이지 않습니다. 성도의 삶은 이 두 가지가 조화를 이루는 것이 바람직합니다. 이웃의 '사유재산권'을 인정하되, 하나님의 영광을 위해서는 언제든 자발적으로 '사유재산권'을 포기할 수 있는 삶을 사는 것입니다.

74문답 : 제8계명이 명하는 것은 무엇입니까? 제8계명이 명하는 것은 자기 자신이나 다른 사람의 부와 재산을 합법하게 얻고 증진시키라는 것입니다.

도둑질은 이미 가진 것에 만족하지 못하는 마음에서 시작됩니다. 그러므로 도둑질을 하지 않기 위해서는 자족(自足)하는 마음을 가져야 합니다. 그래서 성경에는 자족에 대한 권면이 많습니다. 디모데전서 6:6-9이 대표적입니다. "자족하는 마음이 있으면 경건은 큰 이익이 되느니라 우리가 세상에 아무 것도 가지고 온 것이 없으매 또한 아무 것도 가지고 가지 못하리니 우리가 먹을 것과 입을 것이 있은즉 족한 줄로 알 것이니라 부하려 하는 자들은 시험과 올무와 여러 가지 어리석고 해로운 욕심에 떨어지나니 곧 사람으로 파멸과 멸망에 빠지게 하는 것이라." 그런데 자족하는 마음만으로는 부족합니다. 그래서 에베소서 4:28은 "자기 손으로 수고하여 선한 일을 하라."라고 말합니다. 일을 통해 수입이 생기면 도둑질을 해야 할 이유가 적어지기 때문입니다.

75문답 : 제8계명이 금하는 것은 무엇입니까? 제8계명이 금하는 것은 자기 자신이나 이웃의 부와 재산에 부당하게 손해를 끼치거나 손해 끼칠 만한 일을 하는 것입니다.

8계명을 지키기 위해서는 자족하는 마음을 가져야 하고, 자족하며 살기 위해서는 성실하게 일을 해야 합니다. 그런데 많은 사람들이 땀 흘려 일하기보다 불로소득을 통해 재산을 불리려고 합니다. 대표적인 것이 도박과 복권입니다. 도박과 복

권은 자신의 인생을 하나님의 은혜가 아니라 행운에 맡긴다는 점에서 매우 비성경적입니다. 그리고 은밀하게 다른 사람의 재산에 피해를 주는 것 역시 제8계명 위반입니다. 여기에는 과대포장과 과장광고, 투기와 주가 조작 등이 포함됩니다.

5. 핵심 정리

70문 : 결혼이란 인간의 필요를 채우는 수단이 아니라, 하나님께 영광 돌리는 수단입니다.
71문 : 부부관계에 악영향을 끼치는 모든 생각과 말과 행동이 간음입니다.
72문 : 하나님께서 정하신 결혼의 원리에서 벗어나는 모든 것이 간음입니다.
73문 : 모든 종류의 도둑질은 하나님을 향한 범죄입니다.
74문 : 도둑질 하지 않기 위해서는 자족하는 마음을 가져야 하고, 성실하게 자기 일을 해야 합니다.
75문 : 은밀하게 다른 사람의 재산에 피해를 주는 것도 도둑질입니다.

6. 근거 구절

70문 : 제7계명은 "간음하지 말지니라." 하신 것입니다.
  출 20:14 간음하지 말지니라.
  신 5:18 간음하지 말지니라.

71문 : 제7계명이 명하는 것은 마음과 말과 행동에서
  마 5:28 나는 너희에게 이르노니 여자를 보고 음욕을 품는 자마다 마음에 이미 간음하였느니라.
  엡 4:29 무릇 더러운 말은 너희 입 밖에도 내지 말고 오직 덕을 세우는 데 소용되는 대로 선한 말을 하여 듣는 자들에게 은혜를 끼치게 하라.
  벧전 3:2 너희의 두려워하며 정결한 행위를 봄이라.

자기 자신의 정조(貞操)와 이웃의 성적 순결을 보존하라는 것입니다.

살전 4:3-5 하나님의 뜻은 이것이니 너희의 거룩함이라. 곧 음란을 버리고 ⁴각각 거룩함과 존귀함으로 자기의 아내 취할 줄을 알고 ⁵하나님을 모르는 이방인과 같이 색욕을 좇지 말고.

72문 : 제7계명이 금하는 것은 모든 부정(不貞)한 생각과 말과 행동입니다.

엡 5:3-5 음행과 온갖 더러운 것과 탐욕은 너희 중에서 그 이름이라도 부르지 말라. 이는 성도의 마땅한 바니라. ⁴누추함과 어리석은 말이나 희롱의 말이 마땅치 아니하니 돌이켜 감사하는 말을 하라. ⁵너희도 이것을 정녕히 알거니와 음행하는 자나 더러운 자나 탐하는 자 곧 우상 숭배자는 다 그리스도와 하나님 나라에서 기업을 얻지 못하리니.

73문 : 제8계명은 "도둑질하지 말지니라." 하신 것입니다.

출 20:15 도적질하지 말지니라.

신 5:19 도적질 하지 말지니라.

74문 : 제8계명이 명하는 것은 자기 자신이나

살후 3:10-12 우리가 너희와 함께 있을 때에도 너희에게 명하기를 누구든지 일하기 싫어하거든 먹지도 말게 하라 하였더니 ¹¹우리가 들은즉 너희 가운데 규모 없이 행하여 도무지 일하지 아니하고 일만 만드는 자들이 있다 하니 ¹²이런 자들에게 우리가 명하고 주 예수 그리스도 안에서 권하기를 종용히 일하여 자기 양식을 먹으라 하노라.

다른 사람의 부와 재산을 합법하게 얻고 증진시키라는 것입니다.

엡 4:28b 돌이켜 빈궁한 자에게 구제할 것이 있기 위하여 제 손으로 수고하여 선한 일을 하라.

빌 2:4 각각 자기 일을 돌아볼 뿐더러 또한 각각 다른 사람들의 일을 돌아보아 나의 기쁨을 충만케 하라.

75문 : 제8계명이 금하는 것은 자기 자신이나 이웃의 부와 재산에 부당하게 손해를 끼치거나 손해 끼칠 만한 일을 하는 것입니다.

잠 21:17 연락을 좋아하는 자는 가난하게 되고 술과 기름을 좋아하는 자는 부하게 되지 못하느니라.

잠 23:20-21 술을 즐겨하는 자와 고기를 탐하는 자로 더불어 사귀지 말라. ²¹술 취하고 탐식하는 자는 가난하여질 것이요 잠자기를 즐겨하는 자는 해어진 옷을 입을 것임이니라.

딤전 5:8 누구든지 자기 친족 특히 자기 가족을 돌아보지 아니하면 믿음을 배반한 자요 불신자보다 더 악한 자니라.

12주차

제76-81문 9-10계명

1. 서론

누군가를 사랑하는 것은 구체적인 행동이 뒤따라야 합니다. 그때 기준이 되는 것이 십계명입니다. 이웃에게 십계명을 행하는 것이 곧, 이웃을 사랑하는 것입니다. 여기서는 거짓 증언을 설명하는 제9계명과, 자족하는 삶을 설명하는 제10계명에 대해 알아보겠습니다.

2. 구조

하나님 사랑 (45-62문)	제1-4계명(45-62문)	예배의 대상, 방법, 태도, 시간	의식으로 드리는 예배
이웃 사랑 (63-81문)	제5계명(63-66문)	부모를 공경하라.	삶으로 드리는 영적인 예배
	제6계명(67-69문)	살인하지 말라.	
	제7계명(70-72문)	간음하지 말라.	
	제8계명(73-75문)	도둑질하지 말라.	
	제9계명(76-78문)	거짓 증거하지 말라.	
	제10계명(79-81문)	이웃의 집을 탐내지 말라.	

3. 소요리문답

76문 : 제9계명이 무엇입니까?
답 : 제9계명은 "네 이웃에 대하여 거짓 증거 하지 말지니라." 하신 것입니다.

77문 : 제9계명이 명하는 것은 무엇입니까?
답 : 제9계명이 명하는 것은 사람 사이의 진실함과 자기 자신과 이웃의 명예를 유지하고 증진시키라는 것이고, 특별히 증언할 때에 그리하라는 것입니다.

78문 : 제9계명이 금하는 것은 무엇입니까?

답 : 제9계명이 금하는 것은 무엇이든지 진실함을 손상하는 것과 자기 자신과 이웃의 명예를 훼손하는 것입니다.

79문 : 제10계명이 무엇입니까?

답 : 제10계명은 "네 이웃의 집을 탐내지 말지니라. 네 이웃의 아내나 그의 남종이나 그의 여종이나 그의 소나 그의 나귀나 무릇 네 이웃의 소유를 탐내지 말지니라." 하신 것입니다.

80문 : 제10계명이 명하는 것은 무엇입니까?

답 : 제10계명이 명하는 것은 자기 자신의 처지에 온전히 만족하며, 우리 이웃과 그의 모든 소유에 대하여 정당하고 잘되기 바라는 심정을 가지라는 것입니다.

81문 : 제10계명이 금하는 것은 무엇입니까?

답 : 제10계명이 금하는 것은 자기 자신의 처지를 조금이라도 불만스러워 하고 이웃의 잘됨을 시기하고 원통하게 여기고, 이웃의 것에 대하여 조금이라도 부당한 마음과 욕심을 품는 것입니다.

4. 핵심 해설

76문답 : 제9계명이 무엇입니까? 제9계명은 "네 이웃에 대하여 거짓 증거 하지 말지니라." 하신 것입니다.

'증거'라고 번역된 히브리어 '에드'는 재판정에서의 증언을 의미하므로, 제9계명은 재판이라고 하는 특수한 상황이 배경입니다. 고대 사회의 수사는 지금처럼 과학적이지 않았기 때문에 증언이 판결에 결정적인 영향을 미쳤습니다. 심지어 거짓 증언으로 억울한 피해를 입는 사람들도 적지 않았습니다. 아합 왕이 거짓 증인을 내세워 나봇의 포도원을 강탈한 사건이 대표적입니다. 제9계명은 이와 같이 억울하게 명예가 훼손되는 것을 방지하기 위한 계명입니다.

77문답 : 제9계명이 명하는 것은 무엇입니까? 제9계명이 명하는 것은 사람 사이의 진실함과 자기 자신과 이웃의 명예를 유지하고 증진시키라는 것이고, 특별히 증언할 때에 그리하라는 것입니다.

그리스도인은 언제나 사실만을 말해야 합니다.(엡4:25) 특히 재판정에서는 더욱 진실만을 말해야 합니다. 재판이란 억울한 일을 당한 사람이 자신의 권리를 되찾을 수 있는 최후의 수단이기 때문입니다. 만약 그리스도인들마저 진실을 말하기를 두려워한다면, 이 세상에서 정의를 찾아보기 힘들 것입니다. 하지만 제9계명이 재판정만을 염두에 두고 있는 것은 아닙니다. 일상에서의 거짓말도 재판정에서의 거짓말처럼 큰 악영향을 가져오기 때문입니다. 그러므로 그리스도인은 재판이라고 하는 특수한 상황만이 아니라, 삶의 모든 영역에서 진실만을 말하고 거짓말을 삼가야 합니다.

78문답 : 제9계명이 금하는 것은 무엇입니까? 제9계명이 금하는 것은 무엇이든지 진실함을 손상하는 것과 자기 자신과 이웃의 명예를 훼손하는 것입니다.

제9계명을 위반할 때 두 가지 문제가 발생합니다. 첫째, 이웃의 명예에 심각한 손상이 가해집니다. 둘째, 우리가 전하는 복음이 '진리'임을 세상이 의심하게 됩니다. 그러므로 우리는 진리의 사람이 되어야 하고, 그것을 위해 다음의 세 가지 원칙을 지켜야 합니다. 첫째, 가급적이면 다른 사람에 대해 말하는 것을 삼가야 합니다. 둘째, 부정적인 소문일수록 신중하게 받아들여야 합니다. 사실이 확인되지 않은 상태에서 그대로 믿어서는 안 됩니다. 셋째, 사실을 왜곡하거나 과장해서 전달하면 안 됩니다.

79문답 : 제10계명이 무엇입니까? 제10계명은 "네 이웃의 집을 탐내지 말지니라. 네 이웃의 아내나 그의 남종이나 그의 여종이나 그의 소나 그의 나귀나 무릇 네 이웃의 소유를 탐내지 말지니라." 하신 것입니다.

제10계명은 "네 이웃의 집을 탐내지 말라 네 이웃의 아내나 그의 남종이나 그의 여종이나 그의 소나 그의 나귀나 무릇 네 이웃의 소유를 탐내지 말라."입니다. 여기서 '무릇'으로 번역된 히브리어 '콜'은 '모든'이라는 의미입니다. 제10계명은 이웃이 소유한 모든 것, 예를 들어 성공과 지위에 대해서 질투하는 것도 금하고 있습니다.

80문답 : 제10계명이 명하는 것은 무엇입니까? 제10계명이 명하는 것은 자기 자신의 처지에 온전히 만족하며, 우리 이웃과 그의 모든 소유에 대하여 정당하고 잘되기 바라는 심정을 가지라는 것입니다.

제10계명은 욕망으로부터 우리의 마음을 지킬 것을 요구합니다. 우리에게는 지금 가진 것에 만족하지 않고, 더 많이 가지고자 하는 마음이 있습니다. 이것이 욕망입니다. 욕망에 사로잡힌 사람은 신앙조차 개인의 이익을 위한 도구로 사용하기 쉽습니다. 사도바울이 '자족'하는 마음이 있어야만 경건이 유익하다고 말했던 이유입니다.(딤전6:6) "자족"이란 현재 상태가 어떠하든지 간에 만족하는 마음입니다. 어떤 사람들은 하나님께 많이 받아내는 것을 좋은 신앙으로 생각하지만, 그것은 욕망을 거룩하게 포장한 것에 불과합니다. 남과 자신을 비교하며 현재 상태에 자족하지 않는 것은 우리를 파멸로 몰고 갈 가능성이 매우 높습니다.(약1:14-15)

81문답 : 제10계명이 금하는 것은 무엇입니까? 제10계명이 금하는 것은 자기 자신의 처지를 조금이라도 불만스러워 하고 이웃의 잘됨을 시기하고 원통하게 여기고, 이웃의 것에 대하여 조금이라도 부당한 마음과 욕심을 품는 것입니다.

하나님을 신뢰하는 사람만이 제10계명을 온전히 지킬 수 있습니다. 하나님을 신뢰하지 않으니 자기 소유에 불만을 가지게 되고, 자기 소유에 불만을 가지게 되니 이웃의 소유를 질투하게 되기 때문입니다. 이점에 있어서 예수님은 중요한 모범이 되십니다. 예수님은 머리 둘 곳 없는 가난한 분이셨지만, 그것 때문에 슬퍼하지 않으셨습니다. 하나님을 신뢰하셨기 때문입니다. 히브리서 13:5에는 이렇게 기록되어 있습니다. "돈을 사랑하지 말고 있는 바를 족한 줄로 알라 그가 친히 말씀하시기를 내가 결코 너희를 버리지 아니하고 너희를 떠나지 아니하리라 하셨느니라.(히13:5)" 하나님께 우리를 떠나지 않으십니다. 꼭 필요한 것은 하나님께서 주십니다. 그러므로 정말 가난한 사람은 물질이 부족한 사람이 아니라, 믿음이 부족한 사람입니다.

5. 핵심 정리

76문 : 제9계명은 어떤 손해가 있더라도 재판 자리에서 진실할 것을 명령합니다.
77문 : 제9계명은 삶의 어떤 영역에서든 진실할 것을 명령합니다.
78문 : 제9계명을 위반할 때 이웃의 명예가 훼손되고, 진리의 복음을 증거 하는데 방해가 됩니다.
79문 : 제10계명은 이웃이 가진 모든 것에 질투하지 말 것을 명령합니다.
80문 : 제10계명은 자족하며 살 것을 명령합니다.
81문 : 제10계명을 지키기 위해서는 하나님을 신뢰해야 합니다.

6. 근거 구절

76문 : 제9계명은 "네 이웃에 대하여 거짓 증거 하지 말지니라." 하신 것입니다.
　　출 20:16 네 이웃에 대하여 거짓 증거하지 말지니라.
　　신 5:20 네 이웃에 대하여 거짓 증거하지도 말지니라.

77문 : 제9계명이 명하는 것은 사람 사이의 진실함과 자기 자신과 이웃의 명예를 유지하고 증진시키라는 것이고,

슥 8:16-17 너희가 행할 일은 이러하니라. 너희는 각기 이웃으로 더불어 진실을 말하며 너희 성문에서 진실하고 화평한 재판을 베풀고 [17]심중에 서로 해하기를 도모하지 말며 거짓 맹세를 좋아하지 말라. 이 모든 일은 나의 미워하는 것임이니라. 나 여호와의 말이니라.

특별히 증언할 때에 그리하라는 것입니다.

잠 14:5, 25 신실한 증인은 거짓말을 아니하여도 거짓 증인은 거짓말을 뱉느니라. [25]진실한 증인은 사람의 생명을 구원하여도 거짓말을 뱉는 사람은 속이느니라.

78문 : 제9계명이 금하는 것은 무엇이든지 진실함을 손상하는 것과 자기 자신과 이웃의 명예를 훼손하는 것입니다.

레 19:16 너는 네 백성 중으로 돌아다니며 사람을 논단하지 말며 네 이웃을 대적하여 죽을 지경에 이르게 하지 말라. 나는 여호와니라.

시 15:3 그 혀로 참소치 아니하고 그 벗에게 행악치 아니하며 그 이웃을 훼방치 아니하며.

79문 : 제10계명은 "네 이웃의 집을 탐내지 말지니라. 네 이웃의 아내나 그의 남종이나 그의 여종이나 그의 소나 그의 나귀나 무릇 네 이웃의 소유를 탐내지 말지니라." 하신 것입니다.

출 20:17 네 이웃의 집을 탐내지 말지니라. 네 이웃의 아내나 그의 남종이나 그의 여종이나 그의 소나 그의 나귀나 무릇 네 이웃의 소유를 탐내지 말지니라.

신 5:21 네 이웃의 아내를 탐내지도 말지니라. 네 이웃의 집이나 그의 밭이나 그의 남종이나 그의 여종이나 그의 소나 그의 나귀나 무릇 네 이웃의 소유를 탐내지 말지니라.

80문 : 제10계명이 명하는 것은 자기 자신의 처지에 온전히 만족하며,

빌 4:11 내가 궁핍하므로 말하는 것이 아니라 어떠한 형편에든지 내가 자족하기를 배웠노니.

딤전 6:6 그러나 지족하는 마음이 있으면 경건이 큰 이익이 되느니라.

히 13:5 돈을 사랑치 말고 있는 바를 족한 줄로 알라. 그가 친히 말씀하시기를 내가 과연 너희를 버리지 아니하고 과연 너희를 떠나지 아니하리라 하셨느니라.

우리 이웃과 그의 모든 소유에 대하여 정당하고 잘되기 바라는 심정을 가지라는 것입니다.

빌 2:4 각각 자기 일을 돌아볼뿐더러 또한 각각 다른 사람들의 일을 돌아보아 나의 기쁨을 충만케 하라.

81문 : 제10계명이 금하는 것은 자기 자신의 처지를 조금이라도 불만스러워 하고

약 3:14-16 그러나 너희 마음속에 독한 시기와 다툼이 있으면 자랑하지 말라 진리를 거슬러 거짓하지 말라. ¹⁵이러한 지혜는 위로부터 내려온 것이 아니요 세상적이요 정욕적이요 마귀적이니 ¹⁶시기와 다툼이 있는 곳에는 요란과 모든 악한 일이 있음이니라.

이웃의 잘됨을 시기하고 원통하게 여기고, 이웃의 것에 대하여 조금이라도 부당한 마음과 욕심을 품는 것입니다.

골 3:5 그러므로 땅에 있는 지체(肢體)를 죽이라. 곧 음란과 부정과 사욕과 악한 정욕과 탐심이니 탐심은 우상 숭배니라.

13주차

제82-90문 은혜의 방편

1. 서론

우리의 힘만으로는 십계명을 지킬 수 없습니다. 그래서 하나님께서 주시는 은혜가 필요합니다. 소요리문답은 은혜의 방편을 크게 두 가지로 나누어서 설명합니다. 눈에 보이지 않는 내적인 방편과 눈에 보이는 외적인 방편입니다. 여기서는 내적인 은혜의 방편인 믿음과 회개에 대해 알아보겠습니다.

2. 구조

하나님께서 사람에게 요구하시는 본분은 무엇인가? (39-107문)	십계명 지키기(39-81문)	
	은혜의 방편 사용하기 (82-107문)	은혜의 방편을 사용해야 하는 이유(82-85문)
		내적인 은혜의 방편: 믿음(86문)
		내적인 은혜의 방편: 회개(87문)
		외적인 은혜의 방편: 말씀(89-90문)
		외적인 은혜의 방편: 성례(91-97문)
		외적인 은혜의 방편: 기도(98-107문)

3. 소요리문답

82문 : 하나님의 계명을 완전히 지킬 수 있는 사람이 있습니까?

답 : 타락한 이후 한낱 사람으로서는 이 세상에 살 동안에 하나님의 계명들을 완전히 지킬 수 없고, 오히려 생각과 말과 행위로 날마다 범합니다.

83문 : 법을 어기는 죄가 모두 똑같이 악합니까?

답 : 어떤 죄는 그 자체로서 그리고 거기서 파생된 해악으로 말미암아 하나님 앞에서 다른 죄보다 더 악합니다.

84문 : 모든 죄마다 마땅히 받아야 할 보응이 무엇입니까?

답 : 모든 죄마다 마땅히 받아야 할 보응은 이 세상과 오는 세상에서 하나님의 진노와 저주를 받는 것입니다.

85문 : 우리의 죄로 말미암아 마땅히 받아야 할 하나님의 진노와 저주를 피하게 하시려고 하나님께서 우리에게 요구하시는 것은 무엇입니까?

답 : 우리의 죄로 말미암아 마땅히 받아야 할 하나님의 진노와 저주를 피하게 하시려고 하나님께서 우리에게 요구하시는 것은 예수 그리스도를 믿고, 생명에 이르는 회개를 하며, 우리에게 구속의 은덕(恩德)을 끼쳐 주시려고 그리스도께서 쓰시는 모든 방도(方途)를 부지런히 사용하는 것입니다.

86문 : 예수 그리스도를 믿는 믿음이 무엇입니까?

답 : 예수 그리스도를 믿는 믿음은 구원의 은혜이고, 이로써 우리는 구원을 얻으려고 복음이 전하는 예수 그리스도를 영접하고 그분만을 의지합니다.

87문 : 생명에 이르는 회개가 무엇입니까?

답 : 생명에 이르는 회개는 구원의 은혜이고, 이로써 죄인이 자기 죄를 바로 알고, 그리스도 안에 있는 하나님의 자비를 깨달아, 자기 죄를 슬퍼하고 미워하고, 그 죄에서 떠나 하나님께로 돌아가고 굳은 결심과 노력으로 새롭게 순종합니다.

88문 : 그리스도께서 우리에게 구속의 은덕을 끼치는 데 쓰시는 통상적인 방도는 무엇입니까?

답 : 그리스도께서 우리에게 구속의 은덕을 끼치는 데 쓰시는 통상적인 방도는 그분이 정하신 것인데, 특히 말씀과 성례와 기도입니다. 이 모든 것이 택함 받은 사람들에게 구원을 위하여 효력 있게 됩니다.

89문 : 말씀이 어떻게 구원을 위하여 효력 있게 됩니까?

   답 : 하나님의 성령께서 말씀의 낭독, 특별히 강설을 효력 있는 방도로 쓰셔서 죄인을 설복하고 회개시키며, 거룩함과 위로로 그들을 세워서 믿음으로 구원에 이르게 합니다.

90문 : 하나님의 말씀을 어떻게 읽고 들어야 그것이 구원을 위하여 효력 있게 됩니까?

   답 : 하나님의 말씀이 구원을 위하여 효력 있게 되려면 우리는 부지런함과 준비와 기도로써 말씀에 집중하며, 그 말씀을 믿음과 사랑으로 받아들이고, 우리의 마음에 간직하고, 우리의 생활에서 실천해야 합니다.

4. 핵심 해설

82문답 : 하나님의 계명을 완전히 지킬 수 있는 사람이 있습니까? 타락한 이후 한낱 사람으로서는 이 세상에 살 동안에 하나님의 계명들을 완전히 지킬 수 없고, 오히려 생각과 말과 행위로 날마다 범합니다.

상한 과일을 맛있게 먹을 수 있는 사람은 없습니다. 원래의 본성을 잃어버렸기 때문입니다. 사람도 마찬가지입니다. 썩어서 못 먹게 된 과일처럼, 사람의 마음도 죄로 인해 썩어 있습니다. 이것을 타락이라고 합니다. 타락한 마음으로는 정상적인 삶을 살 수 없습니다. 그래서 십계명을 지키기는커녕, 오히려 날마다 생각과 말과 행동으로 십계명을 범합니다. 그러나 이것이 우리를 영원한 심판으로 내몰지 않습니다. 성령께서 죄를 깨닫게 하심으로 회복의 길을 열어 주셨기 때문입니다.

83문답 : 법을 어기는 죄가 모두 똑같이 악합니까? 어떤 죄는 그 자체로서 그리고 거기서 파생된 해악으로 말미암아 하나님 앞에서 다른 죄보다 더 악합니다.

어떤 죄는 다른 죄보다 더 심각한 범죄입니다. 고의적으로 짓는 죄는 실수로 짓는 죄보다(민35:31), 계획적으로 짓는 죄는 돌발적으로 짓는 죄보다(왕상12:28-30), 자기 유익을 위해 적극적으로 짓는 죄는 소심하게 짓는 죄보다(요19:11), 거만하게 짓는 죄는 부끄러워하며 짓는 죄보다 더 큰 범죄입니다.(행12:23) 그러므로 최선을 다해 거룩한 삶을 살아야 합니다.(마5:48)

84문답 : 모든 죄마다 마땅히 받아야 할 보응이 무엇입니까? 모든 죄마다 마땅히 받아야 할 보응은 이 세상과 오는 세상에서 하나님의 진노와 저주를 받는 것입니다.

십계명을 어긴 자들은 하나님의 진노와 저주를 받아야 마땅합니다. 하나님의 심판에는 두 종류가 있습니다. 현세에서 받는 일시적인 형벌과 다음 세상에서 받는 영원한 형벌입니다. 성도들은 영원한 형벌에서는 제외됩니다. 우리가 받아야 할 영원한 형벌을 예수님께서 대신 받으셨기 때문입니다. 일시적 형벌은 구원 받은 사람이라도 하나님의 계명을 어길 때 현세에서 하나님의 징계로 받을 수 있습니다.

85문답 : 우리의 죄로 말미암아 마땅히 받아야 할 하나님의 진노와 저주를 피하게 하시려고 하나님께서 우리에게 요구하시는 것은 무엇입니까? 우리의 죄로 말미암아 마땅히 받아야 할 하나님의 진노와 저주를 피하게 하시려고 하나님께서 우리에게 요구하시는 것은 예수 그리스도를 믿고, 생명에 이르는 회개를 하며, 우리에게 구속의 은덕(恩德)을 끼쳐 주시려고 그리스도께서 쓰시는 모든 방도(方途)를 부지런히 사용하는 것입니다.

어떤 사람도 자신의 능력만으로 십계명을 지킬 수 없기 때문에 하나님께서 세 가지 선물을 주셨습니다. 첫 번째는 예수님을 믿는 믿음입니다. 예수님 때문에 영원한 형벌이 면제되었음을 아는 자들은, 두려움 없이 감사함으로 십계명을 지키게 됩니다. 두 번째는 회개입니다. 하나님은 정직하게 자기 잘못을 고백하는 자들을 용서하시고, 진노와 저주를 거두어 주십니다. 세 번째는 외적인 은혜의 방편인 말씀과 성례와 기도입니다.

86문답 : 예수 그리스도를 믿는 믿음이 무엇입니까? 예수 그리스도를 믿는 믿음은 구원의 은혜이고, 이로써 우리는 구원을 얻으려고 복음이 전하는 예수 그리스도를 영접하고 그분만을 의지합니다.

86문은 예수님을 믿는 믿음이 '구원의 은혜'라고 정의합니다. 예수님을 믿는 사람은 85문에서 언급한 하나님의 진노와 저주로부터 '구원'을 받기 때문입니다. 그런데 그 믿음조차 성령의 역사에서 비롯된 것이기 때문에 '은혜'입니다.(30-31문 참조) 성령을 통해 믿음을 가지게 된 성도는 자신이 하나님께 심판 받아 마땅한 죄인임을 깨닫게 됩니다. 그리하여 예수 그리스도를 영접하고 그분만을 의지하게 됩니다.

87문답 : 생명에 이르는 회개가 무엇입니까? 생명에 이르는 회개는 구원의 은혜이고, 이로써 죄인이 자기 죄를 바로 알고, 그리스도 안에 있는 하나님의 자비를 깨달아, 자기 죄를 슬퍼하고 미워하고, 그 죄에서 떠나 하나님께로 돌아가고 굳은 결심과 노력으로 새롭게 순종합니다.

하나님은 회개하는 사람에게 십계명을 지킬 수 있는 힘을 주십니다. 회개란 자기 잘못을 하나님께 솔직하게 자백하는 것입니다. 진심으로 회개할 때, 하나님은 우리의 죄를 용서해 주시고, 죄를 지은 사람이 마땅히 받아야 할 징벌을 거두어 주십니다. 우리 마음에 자리 잡은 죄로 인한 슬픔을 거두시고, 용서받았다는 감격과 기쁨을 주십니다. 그래서 진정한 회개를 '생명에 이르는 회개'라고 부릅니다.

88문답 : 그리스도께서 우리에게 구속의 은덕을 끼치는 데 쓰시는 통상적인 방도는 무엇입니까? 그리스도께서 우리에게 구속의 은덕을 끼치는 데 쓰시는 통상적인 방도는 그분이 정하신 것인데, 특히 말씀과 성례와 기도입니다. 이 모든 것이 택함 받은 사람들에게 구원을 위하여 효력 있게 됩니다.

앞에서 살펴본 믿음이나 회개와 달리 눈으로 볼 수 있는 은혜의 도구들을 은혜의 외적인 방편이라고 합니다. 여기에는 말씀과 성례와 기도가 있습니다.

	말씀과 성례
공통점	1. 두 가지 모두 하나님께서 제정하셨다. 2. 두 가지 모두 은혜의 방편이다. 3. 두 가지 모두 그리스도가 중심이다.
차이점	1. 말씀은 독자적으로 은혜의 방편이 되지만, 성례는 말씀과 함께 할 때만 은혜의 방편이 된다. 2. 말씀은 신앙이 생겨나게 하고, 성례는 신앙을 자라나게 한다. 3. 말씀은 모든 사람에게 전파될 수 있지만, 성례는 참된 신자에게만 허락된다.

89문답 : 말씀이 어떻게 구원을 위하여 효력 있게 됩니까? 하나님의 성령께서 말씀의 낭독, 특별히 강설을 효력 있는 방도로 쓰셔서 죄인을 설복하고 회개시키며, 거룩함과 위로로 그들을 세워서 믿음으로 구원에 이르게 합니다.

성경은 성도들에게 생명을 주는 하나님의 말씀이지만, 세상 사람들에게는 평범한 교훈서적에 지나지 않습니다. 이 차이점은 성령의 역사에서 비롯됩니다. 성령께서 효과 있는 수단으로 삼으실 때만 말씀은 은혜의 방편이 됩니다. 그래서 성령이 내주하지 않는 불신자들에게 성경은 의미 없는 글자의 나열에 불과합니다. 특히 성령께서 설교자를 은혜의 도구로 삼으시므로, 예배 중에 선포되는 말씀에 귀를 기울여야 합니다. 그때 하나님의 은혜를 더욱 풍성하게 누릴 수 있습니다.

90문답 : 하나님의 말씀을 어떻게 읽고 들어야 그것이 구원을 위하여 효력 있게 됩니까? 하나님의 말씀이 구원을 위하여 효력 있게 되려면 우리는 부지런함과 준비와 기도로써 말씀에 집중하며, 그 말씀을 믿음과 사랑으로 받아들이고, 우리의 마음에 간직하고, 우리의 생활에서 실천해야 합니다.

말씀으로 은혜 받기 위해서는 세 가지를 실천해야 합니다. 첫째, 기도로 준비해야 합니다. 은혜 없이는 진리를 깨달을 수 없기 때문입니다.(시119:18) 둘째, 믿어야 합니다.(히4:2) 성경에 기록된 내용들 중 어떤 것은 믿을 만한 것이고, 어떤 것은 믿을 수 없는 것이라고 구분해선 안 됩니다. 모든 말씀을 하나님의 말씀으로 믿어야 합니다. 셋째, 실천해야 합니다. 성경에서 배운 것들과 설교를 통해 알게 된 것들을 실천해야 합니다. 잠시 보고 들은 후에 잊어버려서는 안 됩니다. 반드시 그 말씀대로 살아가려고 노력해야 합니다.

5. 핵심 정리

82문 : 십계명을 다 지킬 수 있는 사람은 아무도 없습니다.
83문 : 고의로, 계획적으로, 적극적으로, 거만하게 짓는 죄는 더 큰 범죄입니다.
84문 : 십계명을 어긴 자들은 하나님의 심판을 받습니다.
85문 : 심판을 피하기 위해서 하나님께서 선물을 주셨습니다.
86문 : 첫 번째 선물은 예수님을 믿는 믿음입니다.
87문 : 두 번째 선물은 생명에 이르는 회개입니다.
88문 : 세 번째 선물은 외적인 은혜의 방편입니다.
89문 : 은혜의 방편 가운데 첫 번째는 말씀입니다.
90문 : 말씀은 준비하고, 믿고, 실천하는 자에게 은혜가 됩니다.

6. 근거 구절

82문 . 타락한 이후 한낱 사람으로서는 이 세상에 살 동안에 하나님의 계명들을 완전히 지킬 수 없고,
　　전 7:20 선을 행하고 죄를 범치 아니하는 의인은 세상에 아주 없느니라.
　　요일 1:8, 10 만일 우리가 죄 없다 하면 스스로 속이고 또 진리가 우리 속

에 있지 아니할 것이요. ¹⁰만일 우리가 범죄하지 아니하였다 하면 하나님을 거짓말하는 자로 만드는 것이니 또한 그의 말씀이 우리 속에 있지 아니하니라.

오히려 생각과 말과 행위로 날마다 범합니다.
창 8:21 여호와께서 그 향기를 흠향(歆饗)하시고 그 중심에 이르시되 내가 다시는 사람으로 인하여 땅을 저주하지 아니하리니 이는 사람의 마음의 계획하는 바가 어려서부터 악함이라. 내가 전에 행한 것같이 모든 생물을 멸하지 아니하리니.

롬 3:9-18, 23 그러면 어떠하뇨? 우리는 나으뇨? 결코 아니라. 유대인이나 헬라인이나 다 죄 아래 있다고 우리가 이미 선언하였느니라. ¹⁰기록한 바 의인은 없나니 하나도 없으며 ¹¹깨닫는 자도 없고 하나님을 찾는 자도 없고 ¹²다 치우쳐 한가지로 무익하게 되고 선을 행하는 자는 없나니 하나도 없도다. ¹³저희 목구멍은 열린 무덤이요 그 혀로는 속임을 베풀며 그 입술에는 독사의 독이 있고 ¹⁴그 입에는 저주와 악독이 가득하고 ¹⁵그 발은 피 흘리는데 빠른지라. ¹⁶파멸과 고생이 그 길에 있어 ¹⁷평강의 길을 알지 못하였고 ¹⁸저희 눈앞에 하나님을 두려워함이 없느니라 함과 같으니라. ²³모든 사람이 죄를 범하였으매 하나님의 영광에 이르지 못하더니.

83문 : 어떤 죄는 그 자체로서 그리고 거기서 파생된 해악으로 말미암아 하나님 앞에서 다른 죄보다 더 악합니다.

겔 8:6, 13, 15 그가 또 내게 이르시되 인자야 이스라엘 족속의 행하는 일을 보느냐? 그들이 여기서 크게 가증한 일을 행하여 나로 내 성소를 멀리 떠나게 하느니라. 너는 다시 다른 큰 가증한 일을 보리라 하시더라. ¹³또 내게 이르시되 너는 다시 그들의 행하는바 다른 큰 가증한 일을 보리라 하시더라. ¹⁵그가 또 내게 이르시되 인자야 네가 그것을 보았느냐? 너는 또 이보다 더 큰 가증한 일을 보리라 하시더라.

요 19:11 예수께서 대답하시되 위에서 주지 아니하셨더면 나를 해할 권세가 없었으리니 그러므로 나를 네게 넘겨준 자의 죄는 더 크니라 하시니.

84문 : 모든 죄마다 마땅히 받아야 할 보응은 이 세상과 오는 세상에서 하나님의 진노와 저주를 받는 것입니다.

마 25:41 또 왼편에 있는 자들에게 이르시되 저주를 받은 자들아 나를 떠나 마귀와 그 사자들을 위하여 예비된 영영한 불에 들어가라.

85문 : 우리의 죄로 말미암아 마땅히 받아야 할 하나님의 진노와 저주를 피하게 하시려고 하나님께서 우리에게 요구하시는 것은 예수 그리스도를 믿고, 생명에 이르는 회개를 하며,

행 20:21 유대인과 헬라인들에게 하나님께 대한 회개와 우리 주 예수 그리스도께 대한 믿음을 증거한 것이라.

우리에게 구속의 은덕(恩德)을 끼쳐 주시려고 그리스도께서 쓰시는 모든 방도(方途)를 부지런히 사용하는 것입니다.

잠 2:1-5 내 아들아 네가 만일 나의 말을 받으며 나의 계명을 네게 간직하며 ²네 귀를 지혜에 기울이며 네 마음을 명철에 두며 ³지식을 불러 구하며 명철을 얻으려고 소리를 높이며 ⁴은을 구하는 것 같이 그것을 구하며 감추인 보배를 찾는 것같이 그것을 찾으면 ⁵여호와 경외하기를 깨달으며 하나님을 알게 되리니.

잠 8:33-36 훈계를 들어서 지혜를 얻으라. 그것을 버리지 말라. ³⁴누구든지 내게 들으며 날마다 내 문 곁에서 기다리며 문설주 옆에서 기다리는 자는 복이 있나니 ³⁵대저 나를 얻는 자는 생명을 얻고 여호와께 은총을 얻을 것임이니라. ³⁶그러나 나를 잃는 자는 자기의 영혼을 해하는 자라. 무릇 나를 미워하는 자는 사망을 사랑하느니라.

사 55:3 너희는 귀를 기울이고 내게 나아와 들으라. 그리하면 너희 영혼이

살리라. 내가 너희에게 영원한 언약을 세우리니 곧 다윗에게 허락한 확실한 은혜니라.

86문 : 예수 그리스도를 믿는 믿음은 구원의 은혜이고,

엡 2:8-9 너희가 그 은혜를 인하여 믿음으로 말미암아 구원을 얻었나니 이것이 너희에게서 난 것이 아니요 하나님의 선물이라. ⁹행위에서 난 것이 아니니 이는 누구든지 자랑치 못하게 함이니라.

이로써 우리는 구원을 얻으려고 복음이 전하는 예수 그리스도를 영접하고 그분만을 의지합니다.

요 1:12 영접하는 자 곧 그 이름을 믿는 자들에게는 하나님의 자녀가 되는 권세를 주셨으니.

행 4:12 다른 이로서는 구원을 얻을 수 없나니 천하 인간에 구원을 얻을 만한 다른 이름을 우리에게 주신 일이 없음이니라 하였더라.

87문 : 생명에 이르는 회개는 구원의 은혜이고,

행 11:18 저희가 이 말을 듣고 잠잠하여 하나님께 영광을 돌려 가로되 그러면 하나님께서 이방인에게도 생명 얻는 회개를 주셨도다 하니라.

딤후 2:25 거역하는 자를 온유함으로 징계할지니 혹 하나님이 저희에게 회개함을 주사 진리를 알게 하실까 하며.

이로써 죄인이 자기 죄를 바로 알고, 그리스도 안에 있는 하나님의 자비를 깨달아,

행 2:37 저희가 이 말을 듣고 마음에 찔려 베드로와 다른 사도들에게 물어 가로되 형제들아 우리가 어찌할꼬 하거늘.

자기 죄를 슬퍼하고 미워하고, 그 죄에서 떠나 하나님께로 돌아가고

겔 36:31 그때에 너희가 너희 악한 길과 너희 불선한 행위를 기억하고 너희 모든 죄악과 가증한 일을 인하여 스스로 밉게 보리라.

굳은 결심과 노력으로 새롭게 순종합니다.

고후 7:10-11 하나님의 뜻대로 하는 근심은 후회할 것이 없는 구원에 이르게 하는 회개를 이루는 것이요 세상 근심은 사망을 이루는 것이니라. ¹¹보라 하나님의 뜻대로 하게 한 이 근심이 너희로 얼마나 간절하게 하며 얼마나 변명하게 하며 얼마나 분하게 하며 얼마나 두렵게 하며 얼마나 사모하게 하며 얼마나 열심 있게 하며 얼마나 벌하게 하였는가. 너희가 저 일에 대하여 일절 너희 자신의 깨끗함을 나타내었느니라.

88문 : 그리스도께서 우리에게 구속의 은덕을 끼치는 데 쓰시는 통상적인 방도는 그분이 정하신 것인데, 특히 말씀과 성례와 기도입니다. 이 모든 것이 택함 받은 사람들에게 구원을 위하여 효력 있게 됩니다.

마 28:18-20 예수께서 나아와 일러 가라사대 하늘과 땅의 모든 권세를 내게 주셨으니 ¹⁹그러므로 너희는 가서 모든 족속으로 제자를 삼아 아버지와 아들과 성령의 이름으로 세례를 주고 ²⁰내가 너희에게 분부한 모든 것을 가르쳐 지키게 하라. 볼지어다 내가 세상 끝 날까지 너희와 항상 함께 있으리라 하시니라.

행 2:41-42, 46-47 그 말을 받는 사람들은 세례를 받으매 이 날에 제자의 수가 삼천이나 더하더라. ⁴²저희가 사도의 가르침을 받아 서로 교제하며 떡을 떼며 기도하기를 전혀 힘쓰니라. ⁴⁶날마다 마음을 같이 하여 성전에 보이기를 힘쓰고 집에서 떡을 떼며 기쁨과 순전한 마음으로 음식을 먹고 ⁴⁷하나님을 찬미하며 또 온 백성에게 칭송을 받으니 주께서 구원받는 사람을 날마다 더하게 하시니라.

89문 : 하나님의 성령께서 말씀의 낭독, 특별히 강설을 효력 있는 방도로 쓰셔서 죄인을 설복하고 회개시키며, 거룩함과 위로로 그들을 세워서 믿음으로 구원에 이르게 합니다.

느 8:8-9 하나님의 율법 책을 낭독하고 그 뜻을 해석하여 백성으로 그 낭독하는 것을 다 깨닫게 하매 [9]백성이 율법의 말씀을 듣고 다 우는지라. 총독 느헤미야와 제사장 겸 학사 에스라와 백성을 가르치는 레위 사람들이 모든 백성에게 이르기를 오늘은 너희 하나님 여호와의 성일이니 슬퍼하지 말며 울지 말라 하고.

시 19:7 여호와의 율법은 완전하여 영혼을 소성케 하고 여호와의 증거는 확실하여 우둔한 자로 지혜롭게 하며.

딤후 3:15-17 또 네가 어려서부터 성경을 알았나니 성경은 능히 너로 하여금 그리스도 예수 안에 있는 믿음으로 말미암아 구원에 이르는 지혜가 있게 하느니라. [16]모든 성경은 하나님의 감동으로 된 것으로 교훈과 책망과 바르게 함과 의로 교육하기에 유익하니 [17]이는 하나님의 사람으로 온전케 하며 모든 선한 일을 행하기에 온전케 하려 함이니라.

90문 : 하나님의 말씀이 구원을 위하여 효력 있게 되려면 우리는 부지런함과 준비와 기도로써 말씀에 집중하며,

잠 8:34 누구든지 내게 들으며 날마다 내 문 곁에서 기다리며 문설주 옆에서 기다리는 자는 복이 있나니.

그 말씀을 믿음과 사랑으로 받아들이고, 우리의 마음에 간직하고, 우리의 생활에서 실천해야 합니다.

시 119:11 내가 주께 범죄치 아니하려 하여 주의 말씀을 내 마음에 두었나이다.

눅 8:15 좋은 땅에 있다는 것은 착하고 좋은 마음으로 말씀을 듣고 지키어 인내로 결실하는 자니라.

약 1:22-25 너희는 도를 행하는 자가 되고 듣기만 하여 자신을 속이는 자가 되지 말라. ²³누구든지 도를 행하지 아니하면 그는 거울로 자기의 얼굴을 보는 사람과 같으니 ²⁴제 자신을 보고 가서 그 모양이 어떠한 것을 곧 잊어버리거니와 ²⁵자유하게 하는 온전한 율법을 들여다보고 있는 자는 듣고 잊어버리는 자가 아니요 실행하는 자니 이 사람이 그 행하는 일에 복을 받으리라.

14주차

제91-97문 세례와 성찬

1. 서론

소요리문답은 외적인 은혜의 방편으로 세 가지를 소개합니다. '말씀'과 '성례'와 '기도'입니다. 여기서 말씀은 주로 설교를 의미합니다. 성례도 일종의 말씀인데, 설교가 귀로 듣는 설교라면, 성례는 눈으로 보는 설교입니다. 여기서는 말씀과 성례 두 가지에 대해 알아보겠습니다.

2. 구조

하나님께서 사람에게 요구하시는 본분은 무엇인가? (39-107문)		십계명 지키기(39-81문)	
	은혜의 방편 사용하기 (82-107문)	은혜의 방편을 사용해야 하는 이유(82-85문)	
		내적인 은혜의 방편: 믿음(86문)	
		내적인 은혜의 방편: 회개(87문)	
		외적인 은혜의 방편: 말씀(89-90문)	
		외적인 은혜의 방편: 성례(91-97문)	
		외적인 은혜의 방편: 기도(98-107문)	

3. 소요리문답

91문 : 성례가 어떻게 효력 있는 구원의 방도가 됩니까?

답 : 성례가 효력 있는 구원의 방도가 되는 것은 성례 자체에나 성례를 행하는 사람에게 어떤 덕이 있어서가 아니고, 오직 그리스도의 복 주심과 믿음으로 성례를 받는 사람 속에서 그리스도의 성령께서 일하심으로 됩니다.

92문 : 성례가 무엇입니까?

답 : 성례는 그리스도께서 세우신 거룩한 예식이고, 이 예식 가운데 그리스도와 새 언약의 유익이 눈에 보이는 표로써 믿는 사람에게 표시되고 인 쳐지며 적용됩니다.

93문 : 신약의 성례가 어느 것입니까?
답 : 신약의 성례는 세례와 성찬입니다.

94문 : 세례가 무엇입니까?
답 : 세례는 성부와 성자와 성령의 이름 안으로 연합시키는 물로 씻는 성례입니다. 세례는 우리가 그리스도에게 접붙여짐과 은혜 언약의 유익에 참여함과 주님의 것이 되기로 약속함을 표시하고 인 칩니다..

95문 : 세례는 어떤 사람에게 베풉니까?
답 : 세례는 보이는 교회 밖에 있는 사람에게 베풀지 않고, 누구든지 그리스도를 믿고 주님께 순종하겠다고 고백할 때에 비로소 베풀며, 보이는 교회의 회원의 유아들이 받습니다.

96문 : 주님의 성찬이 무엇입니까?
답 : 주님의 성찬은 그리스도께서 정하신 대로 떡과 포도주를 주고 받음으로써 그의 죽으심을 나타내 보이는 성례입니다. 주님의 성찬을 합당하게 받는 사람은 물질적이고 육신적인 태도가 아니라 믿음으로 받고 그리스도의 몸과 피에 참여하여서 주님의 모든 유익을 받고, 신령한 양식을 먹고 은혜 안에서 장성합니다.

97문 : 주님의 성찬을 합당하게 받으려면 어떻게 하여야 합니까?
답 : 주님의 성찬에 합당하게 참여하려는 사람은 주님의 몸을 분별하는 지식이 있는지, 주님을 양식으로 삼는 믿음이 있는지, 회개와 사랑과 새로운 순종이 있는지 스스로 살펴야 합니다. 그렇지 아니하면 합당치 않게 나아옴으로 자기에게 임할 심판을 먹고 마시게 됩니다.

4. 핵심 해설

91문답 : 성례가 어떻게 효력 있는 구원의 방도가 됩니까? 성례가 효력 있는 구원의 방도가 되는 것은 성례 자체에나 성례를 행하는 사람에게 어떤 덕이 있어서가 아니고, 오직 그리스도의 복 주심과 믿음으로 성례를 받는 사람 속에서 그리스도의 성령께서 일하심으로 됩니다.

성례란 눈에 보이지 않는 은혜를 눈으로 볼 수 있게 나타낸 거룩한 의식입니다. 성례가 거룩한 것은 성례 자체가 거룩해서도 아니고, 성례에 사용되는 도구들이 성물(聖物)이어서도 아니고, 성례를 시행하는 사람들이 특별해서도 아닙니다. 이것을 분명히 해두지 않으면, 이방 종교의 미신과 혼동하게 됩니다. 성례가 거룩한 이유는 그리스도께서 성례의 시행을 명하셨기 때문이고, 성령께서 성례를 통해 은혜를 주시기 때문입니다.

92문답 : 성례가 무엇입니까? 성례는 그리스도께서 세우신 거룩한 예식이고, 이 예식 가운데 그리스도와 새 언약의 유익이 눈에 보이는 표로써 믿는 사람에게 표시되고 인 쳐지며 적용됩니다.

로마 카톨릭은 '칠성례'라 하여 일곱 가지 성례를 시행하지만, 교회는 세례와 성찬 두 가지만 성례로 인정합니다. 그리스도께서 직접 제정하신 성례가 세례와 성찬 단 두 가지 밖에 없기 때문입니다. 나머지는 모두 사람이 제정한 것으로 신적인 권위가 없습니다. 성례가 은혜의 방편이 되는 이유는 성례가 가진 두 가지 기능 때문입니다. 첫 번째는 '눈에 보이는 표'의 기능입니다. 말씀이 복음을 귀로 들려준다면, 성례는 복음을 눈으로 보여줍니다. 그래서 성례를 '눈에 보이는 표' 또는 '보이는 말씀'이라고 합니다. 두 번째는 '인'의 기능입니다. 계약이 완료되었음을 도장을 찍어 확인하듯이 하나님은 성례를 통해 우리의 구원이 확실함을 확인시켜 주십니다. 그래서 성례의 의미를 아는 사람은 어떤 상황에서든 자신의 구원을 확신하며,

하나님의 보호와 인도를 의심하지 않습니다.

93문답: 신약의 성례가 어느 것입니까? 신약의 성례는 세례와 성찬입니다.

구약의 대표적인 성례는 할례와 유월절 식사입니다. 할례는 하나님의 백성으로 가입하는 것을 의미했고, 유월절 식사는 출애굽의 구원 사건을 기념하는 거룩한 식사였습니다. 구약의 성례는 오실 그리스도를 희미하게 예고하는 것이었으므로, 그리스도께서 오신 이후로는 폐지되었습니다. 지금은 그리스도께서 직접 제정하신 단 두 가지 성례, 세례와 성찬만 시행합니다. 세례는 할례의 의미를, 성찬은 유월절 식사의 의미를 계승하고 있습니다.

구 약		신 약
할 례	하나님의 백성 됨을 상징하는 의식	세 례
유 월 절	구원을 기념하는 거룩한 식사	성 찬

94문답 : 세례가 무엇입니까? 세례는 성부와 성자와 성령의 이름 안으로 연합시키는 물로 씻는 성례입니다. 세례는 우리가 그리스도에게 접붙여짐과 은혜 언약의 유익에 참여함과 주님의 것이 되기로 약속함을 표시하고 인 칩니다.

세례를 받는 이유는 입학식을 하는 것과 비슷합니다. 학생들은 입학식을 통해 자신들이 새로운 공동체의 일원이 되었음을 압니다. 중학교 입학식을 통해서는 이제 자신이 초등학생이 아니라 중학생임을 알고, 고등학교 입학식을 통해서는 이제 자신이 중학생이 아니라 고등학생을 알게 됩니다. 마찬가지로 성도들도 세례를 통해 세상에 속한 사람이 아니라 하나님께 속한 사람임을 알게 됩니다. 세례식 때 물로 씻는 순서를 가지는 이유는 세례식의 물이 예수님의 피를 상징하기 때문입니다. 물이 몸의 더러움을 씻어주듯이 예수님의 피가 영혼을 깨끗하게 씻어주셨음을 나타냅니다. 세례는 일생에 단 한 번만 받습니다. 하나님께서 우리의 구원을 취소하는 경우가 없고, 하나님의 백성에서 제외되는 경우도 없기 때문입니다.

95문답 : 세례는 어떤 사람에게 베풉니까? 세례는 보이는 교회 밖에 있는 사람에게 베풀지 않고, 누구든지 그리스도를 믿고 주님께 순종하겠다고 고백할 때에 비로소 베풀며, 보이는 교회의 회원의 유아들이 받습니다.

원래 세례는 구원 받을만한 신앙이 있는 것을 점검한 후에 주어야 합니다. 그래서 어떤 교회는 유아에게 세례를 주지 않습니다. 하지만 유아세례에는 성경적인 근거가 있습니다. 바로 할례입니다. 할례는 남자의 생식기 일부를 자르는 의식입니다. 고대인들은 남자의 생식기를 힘과 생명의 상징으로 여겼으므로, 할례 의식은 하나님만을 힘과 생명의 근원으로 여기고 살겠다는 신앙고백입니다. 그런데 하나님은 난 지 팔 일된 아기에게도 할례를 주라고 말씀하셨습니다.(창17:12) 부모의 책임을 강조하기 위해서입니다. 이 아기가 하나님의 백성인 것을 믿고, 하나님의 백성답게 키우라는 것입니다. 유아세례도 동일합니다. 신자들은 유아세례를 통해 "이 아이를 세상의 자녀처럼 키우지 않고, 하나님의 자녀답게 키우겠습니다."라고 하나님과 약속합니다. 그래서 유아세례는 하나님과 부모 사이의 거룩한 언약입니다.

96문답 : 주님의 성찬이 무엇입니까? 주님의 성찬은 그리스도께서 정하신 대로 떡과 포도주를 주고 받음으로써 그의 죽으심을 나타내 보이는 성례입니다. 주님의 성찬을 합당하게 받는 사람은 물질적이고 육신적인 태도가 아니라 믿음으로 받고 그리스도의 몸과 피에 참여하여서 주님의 모든 유익을 받고, 신령한 양식을 먹고 은혜 안에서 장성합니다.

성찬은 그리스도의 거룩한 죽음을 보여주는 성례입니다. 커다란 못이 예수님의 손과 발을 뚫었을 때, 예수님의 손과 발은 심하게 찢어졌을 것입니다. 성찬의 빵은 바로 이 모습을 재현합니다. 성찬식 때 나눠주는 찢겨진 빵은, 우리를 위해 찢겨진 예수님의 살을 상징합니다. 그리고 찢겨진 예수님의 살 아래로 많은 피가 흘렀을 것입니다. 성찬식의 포도주는 이 모습을 재현합니다. 잔 위로 흘러내리는 새빨간 포도주는 우리를 위해 흘리신 예수님의 피를 상징합니다.

성찬에 대한 4가지 해석
"이것은 너희를 위하여 주는 내 몸이라."(눅22:19)

1. 가톨릭의 화체설	실재를 강조	예수님의 말씀을 문자적으로 해석한 것으로서, 성찬의 빵과 포도주가 실제 예수님의 살과 피로 바뀐다는 주장이다. 매우 미신적이다.
2. 루터교의 공재설	실재를 강조	성찬의 빵과 포도주에 아무런 변화가 없을 지라도, 예수님께서 실제로 거기에 함께 하신다는 주장이다. 사실상 화체설과 다를 바가 없다.
3. 쯔빙글리의 기념설	상징을 강조	성찬의 빵과 포도주는 예수님의 살과 피를 상징하는 것에 불과하다는 주장이다.
4. 칼빈의 영적임재설	실재와 상징을 함께 강조	예수님의 참된 몸이 성령의 능력으로, 영적이고 실제적으로 빵과 포도주에 임한다는 주장이다. 영적으로 임한다는 점에서 화체설 또는 공재설과 다르고, 실제로 임한다는 점에서 기념설과 다르다. 성찬을 통해 예수님의 몸을 영적으로 먹고 영적으로 힘을 얻는다는 의미이다. 가장 성경적인 해석이다.

97문답 : 주님의 성찬을 합당하게 받으려면 어떻게 하여야 합니까? 주님의 성찬에 합당하게 참여하려는 사람은 주님의 몸을 분별하는 지식이 있는지, 주님을 양식으로 삼는 믿음이 있는지, 회개와 사랑과 새로운 순종이 있는지 스스로 살펴야 합니다. 그렇지 아니하면 합당치 않게 나아옴으로 자기에게 임할 심판을 먹고 마시게 됩니다.

성찬에 참여한다고 하여 자동적으로 은혜가 임하는 것은 아닙니다. 고린도교회는 주의 성찬을 합당하게 받지 않아 오히려 하나님께 벌을 받기도 했습니다.(고전 11:29-30) 그래서 성찬을 앞 둔 사람에게는 세 가지가 있어야 합니다. 첫째 '주님의 몸을 분별하는 지식'입니다. 성찬의 떡과 포도주가 그리스도의 몸과 피를 의미한다는 것을 분명히 알아야 합니다. 둘째 '주님을 양식으로 삼는 믿음'입니다. 예수님만이 우리에게 영원한 생명을 주시며, 그 분께서 성령을 통해 우리 안에 계신다는 사실을 굳게 믿어야 합니다.(고후13:5) 셋째, '회개와 사랑과 새로운 순종'입니다. 성찬은 그리스도의 살과 피를 먹는 것을 통해 우리가 그리스도와 연합한 자임을 드러냅니다. 그렇다면 우리에게는 죄와 싸우는 삶, 하나님과 이웃을 사랑하는 삶, 하나님께 순종하는 삶이 있어야 마땅합니다.

5. 핵심 정리

91문 : 성례는 하나님께서 제정하신 거룩한 의식입니다.
92문 : 성례는 복음을 오감(五感)으로 체험하는 의식입니다.
93문 : 신약의 성례는 세례와 성찬입니다.
94문 : 세례의 물은 예수님의 피를 상징합니다. 물이 몸을 깨끗하게 하듯이, 예수님의 피가 우리 영혼을 깨끗하게 하였음을 보여줍니다.
95문 : 유아에게도 할례(구약의 성례)를 시행했으므로, 세례(신약의 성례) 또한 주는 것이 마땅합니다.
96문 : 성찬은 그리스도의 거룩한 죽음을 보여주는 성례입니다.
97문 : 성찬에 참여하는 사람은, 성찬에 대한 바른 지식, 그리스도에게 감사하는 마음, 죄를 부끄러워하는 마음을 갖추어야 합니다.

6. 근거 구절

91문 : 성례가 효력 있는 구원의 방도가 되는 것은 성례 자체에나 성례를 행하는 사람에게 어떤 덕이 있어서가 아니고, 오직 그리스도의 복 주심과 믿음으로 성례를 받는 사람 속에서 그리스도의 성령께서 일하심으로 됩니다.

마 3:11 나는 너희로 회개케 하기 위하여 물로 세례를 주거니와 내 뒤에 오시는 이는 나보다 능력이 많으시니 나는 그의 신을 들기도 감당치 못하겠노라. 그는 성령과 불로 너희에게 세례를 주실 것이요.

고전 3:6-7 나는 심었고 아볼로는 물을 주었으되 오직 하나님은 자라나게 하셨나니 그런즉 심는 이나 물 주는 이는 아무 것도 아니로되 오직 자라나게 하시는 하나님뿐이니라.

92문 : 성례는 그리스도께서 세우신 거룩한 예식이고,

마 28:19 그러므로 너희는 가서 모든 족속으로 제자를 삼아 아버지와 아들과 성령의 이름으로 세례를 주고.

마 26:26-28 저희가 먹을 때에 예수께서 떡을 가지사 축복하시고 떼어 제자들을 주시며 가라사대 받아 먹으라. 이것이 내 몸이니라 하시고 [27]또 잔을 가지사 사례하시고 저희에게 주시며 가라사대 너희가 다 이것을 마시라. [28]이것은 죄 사함을 얻게 하려고 많은 사람을 위하여 흘리는 바 나의 피 곧 언약의 피니라.

이 예식 가운데 그리스도와 새 언약의 유익이 눈에 보이는 표로써 믿는 사람에게 표시되고 인 쳐지며 적용됩니다.

롬 4:11 저가 할례의 표를 받은 것은 무할례 시에 믿음으로 된 의를 인친 것이니 이는 무할례자로서 믿는 모든 자의 조상이 되어 저희로 의로 여기심을 얻게 하려 하심이라.

갈 3:27 누구든지 그리스도와 합하여 세례를 받은 자는 그리스도로 옷 입었느니라.

93문 : 신약의 성례는 세례와

마 28:19 그러므로 너희는 가서 모든 족속으로 제자를 삼아 아버지와 아들과 성령의 이름으로 세례를 주고.

성찬입니다.

고전 11:23-26 내가 너희에게 전한 것은 주께 받은 것이니 곧 주 예수께

서 잡히시던 밤에 떡을 가지사 ²⁴축사하시고 떼어 가라사대 이것은 너희를 위하는 내 몸이니 이것을 행하여 나를 기념하라 하시고 ²⁵식후에 또한 이와 같이 잔을 가지시고 가라사대 이 잔은 내 피로 세운 새 언약이니 이것을 행하여 마실 때마다 나를 기념하라 하셨으니 ²⁶너희가 이 떡을 먹으며 이 잔을 마실 때마다 주의 죽으심을 오실 때까지 전하는 것이니라.

94문 : 세례는 성부와 성자와 성령의 이름 안으로 연합시키는 물로 씻는 성례입니다.

마 28:19 그러므로 너희는 가서 모든 족속으로 제자를 삼아 아버지와 아들과 성령의 이름으로 세례를 주고.

고전 12:13 우리가 유대인이나 헬라인이나 종이나 자유자나 다 한 성령으로 세례를 받아 한 몸이 되었고 또 다 한 성령을 마시게 하셨느니라.

갈 3:27 누구든지 그리스도와 합하여 세례를 받은 자는 그리스도로 옷 입었느니라.

세례는 우리가 그리스도에게 접붙여짐과 은혜 언약의 유익에 참여함과 주님의 것이 되기로 약속함을 표시하고 인 칩니다.

롬 6:3-4 무릇 그리스도 예수와 합하여 세례를 받은 우리는 그의 죽으심과 합하여 세례 받은 줄을 알지 못하느뇨? ⁴그러므로 우리가 그의 죽으심과 합하여 세례를 받음으로 그와 함께 장사되었나니 이는 아버지의 영광으로 말미암아 그리스도를 죽은 자 가운데서 살리심과 같이 우리로 또한 새 생명 가운데서 행하게 하려 함이니라.

갈 3:26-27 너희가 다 믿음으로 말미암아 그리스도 예수 안에서 하나님의 아들이 되었으니 ²⁷누구든지 그리스도와 합하여 세례를 받은 자는 그리스도로 옷 입었느니라.

95문 : 세례는 보이는 교회 밖에 있는 사람에게 베풀지 않고, 누구든지 그리스도를 믿고 주님께 순종하겠다고 고백할 때에 비로소 베풀며,

행 2:41 그 말을 받는 사람들은 세례를 받으매 이 날에 제자의 수가 삼천이나 더하더라.

행 18:8 또 회당장 그리스보가 온 집으로 더불어 주를 믿으며 수다한 고린도 사람도 듣고 믿어 세례를 받더라.

보이는 교회의 회원의 유아들이 받습니다.

창 17:7, 9-11 내가 내 언약을 나와 너와 네 대대 후손의 사이에 세워서 영원한 언약을 삼고 너와 네 후손의 하나님이 되리라. ⁹하나님이 또 아브라함에게 이르시되 그런즉 너는 내 언약을 지키고 네 후손도 대대로 지키라. ¹⁰너희 중 남자는 다 할례를 받으라. 이것이 나와 너희와 너희 후손 사이에 지킬 내 언약이니라. ¹¹너희는 양피(陽皮)를 베어라. 이것이 나와 너희 사이의 언약의 표징이니라.

행 16:32-33 주의 말씀을 그 사람과 그 집에 있는 모든 사람에게 전하더라. ³³밤 그 시에 간수가 저희를 데려다가 그 맞은 자리를 씻기고 자기와 그 권속이 다 세례를 받은 후.

96문 : 주님의 성찬은 그리스도께서 정하신 대로 떡과 포도주를 주고 받음으로써 그의 죽으심을 나타내 보이는 성례입니다.

눅 22:19-20 또 떡을 가져 사례하시고 떼어 저희에게 주시며 가라사대 이것은 너희를 위하여 주는 내 몸이라. 너희가 이를 행하여 나를 기념하라 하시고 ²⁰저녁 먹은 후에 잔도 이와 같이 하여 가라사대 이 잔은 내 피로 세우는 새 언약이니 곧 너희를 위하여 붓는 것이라.

고전 11:23-26 내가 너희에게 전한 것은 주께 받은 것이니 곧 주 예수께서 잡히시던 밤에 떡을 가지사 ²⁴축사하시고 떼어 가라사대 이것은 너희를 위하는 내 몸이니 이것을 행하여 나를 기념하라 하시고 ²⁵식후에 또한 이와 같이 잔을 가지시고 가라사대 이 잔은 내 피로 세운 새 언약이니 이것을 행하여 마실 때마다 나를 기념하라 하셨으니 ²⁶너희가 이 떡을 먹으며

이 잔을 마실 때마다 주의 죽으심을 오실 때까지 전하는 것이니라.

주님의 성찬을 합당하게 받는 사람은 물질적이고 육신적인 태도가 아니라 믿음으로 받고 그리스도의 몸과 피에 참여하여서 주님의 모든 유익을 받고, 신령한 양식을 먹고 은혜 안에서 장성합니다.

요 6:53-57 예수께서 이르시되 내가 진실로 진실로 너희에게 이르노니 인자의 살을 먹지 아니하고 인자의 피를 마시지 아니하면 너희 속에 생명이 없느니라. ⁵⁴내 살을 먹고 내 피를 마시는 자는 영생을 가졌고 마지막 날에 내가 그를 다시 살리리니 ⁵⁵내 살은 참된 양식이요 내 피는 참된 음료로다. ⁵⁶내 살을 먹고 내 피를 마시는 자는 내 안에 거하고 나도 그 안에 거하나니 ⁵⁷살아 계신 아버지께서 나를 보내시매 내가 아버지로 인하여 사는 것같이 나를 먹는 그 사람도 나로 인하여 살리라.

고전 10:16-17 우리가 축복하는 바 축복의 잔은 그리스도의 피에 참예함이 아니며 우리가 떼는 떡은 그리스도의 몸에 참예함이 아니냐? ¹⁷떡이 하나요 많은 우리가 한 몸이니 이는 우리가 다 한 떡에 참예함이라.

97문 : 주님의 성찬에 합당하게 참여하려는 사람은 주님의 몸을 분별하는 지식이 있는지, 주님을 양식으로 삼는 믿음이 있는지, 회개와 사랑과 새로운 순종이 있는지 스스로 살펴야 합니다. 그렇지 아니하면 합당치 않게 나아옴으로 자기에게 임할 심판을 먹고 마시게 됩니다.

고전 11:27-32 그러므로 누구든지 주의 떡이나 잔을 합당치 않게 먹고 마시는 자는 주의 몸과 피를 범하는 죄가 있느니라. ²⁸사람이 자기를 살피고 그 후에야 이 떡을 먹고 이 잔을 마실지니 ²⁹주의 몸을 분변치 못하고 먹고 마시는 자는 자기의 죄를 먹고 마시는 것이니라. ³⁰이러므로 너희 중에 약한 자와 병든 자가 많고 잠자는 자도 적지 아니하니 ³¹우리가 우리를 살폈으면 판단을 받지 아니하려니와 ³²우리가 판단을 받는 것은 주께 징계를 받는 것이니 이는 우리로 세상과 함께 죄 정함을 받지 않게 하려 하심이라.

15주차

제98 - 102문 주기도문(1)

1. 서론

기도는 외적인 은혜의 방편 가운데 하나입니다. 칼뱅주의에 입각한 신앙고백서는 대부분 주기도문으로 기도를 설명합니다. 이는 소요리문답도 마찬가지입니다. 주기도문은 예수님께서 직접 알려주신 기도의 지침이기 때문입니다. 주기도문은 여섯 개의 간구에 서론과 결론이 더해져 모두 여덟 부분으로 이루어져 있습니다. 여기서는 서론과 처음 두 간구에 대해 알아보겠습니다.

2. 구조

외적인 은혜의 방편(88-107문)	말씀(89-90문)		
	성례: 세례와 성찬(91-97문)		
	기도: 주기도문 (98-107문)	주기도문의 서문(100문)	
		하나님의 영광을 구하는 기도	1. 하나님의 이름(101문)
			2. 하나님의 나라(102문)
			3. 하나님의 뜻(103문)
		우리의 필요를 구하는 기도	4. 우리의 일용할 양식(104문)
			5. 우리의 죄에 대한 용서(105문)
			6. 우리의 정결한 삶(106문)
		주기도문의 결론(107문)	

3. 소요리문답

98문 : 기도가 무엇입니까?

답 : 기도는 그리스도의 이름으로 우리의 소원을 하나님께 올리는 것인데, 그분의 뜻에 맞는 것을 구하고, 우리의 죄를 고백하고 그분의 자비하심을 깨달아서 감사하는 것입니다.

99문 : 우리의 기도를 지도하시려고 하나님께서 우리에게 주신 법칙은 무엇입니까?

    답 : 하나님의 모든 말씀이 우리의 기도를 지도하기에 유용합니다. 다만 특별한 법칙은 그리스도께서 제자들에게 가르쳐 주신 기도, 곧 일반적으로 '주님께서 가르치신 기도'라 부르는 것입니다.

100문 : 주님께서 가르치신 기도의 머리말이 우리에게 가르치는 것은 무엇입니까?

    답 : "하늘에 계신 우리 아버지"라는 기도의 머리말은, 자녀들이 아버지에게 나아가듯이 우리로 하여금 모든 거룩한 공경심과 확신을 가지고 도와줄 능력과 마음이 있는 하나님께 나아갈 것을 가르칩니다. 또한 우리가 다른 사람과 함께 기도하고 다른 사람을 위하여 기도할 것을 가르칩니다.

101문 : 첫째 간구로 우리는 무엇을 구합니까?

    답 : "이름이 거룩히 여김을 받으시옵소서."라는 첫째 간구로 우리는 하나님께서 자기를 알리시는 모든 일에서 우리와 다른 사람으로 하여금 하나님을 영화롭게 하도록 하시고, 하나님께서 모든 것을 자기의 영광만을 위하여 친히 처리하여 주시기를 구합니다.

102문 : 둘째 간구로 우리는 무엇을 구합니까?

    답 : "나라이 임하옵소서."라는 둘째 간구로 우리는 사탄의 나라가 멸망하고, 은혜의 나라가 흥왕하여서 우리와 다른 사람들이 거기 들어가 지켜 주심을 받고, 영광의 나라가 속히 오게 하여 주시기를 구합니다.

4. 핵심 해설

98문답 : 기도가 무엇입니까? 기도는 그리스도의 이름으로 우리의 소원을 하나님께 올리는 것인데, 그분의 뜻에 맞는 것을 구하고, 우리의 죄를 고백하고 그분의 자비하심을 깨달아서 감사하는 것입니다.

소요리문답은 기도를 '우리의 소원을 하나님께 올리는 것'이라고 정의합니다. 그리고 기도에 포함되어야 할 네 가지를 설명합니다. 첫 번째는 '그리스도의 이름'입니다. 예수님 때문에 하나님께 기도할 수 있는 자격을 얻었음을 믿고, 그 이름을 의지하여 기도해야 합니다. 두 번째는 '그분의 뜻'입니다. 기도란 아무 소원이나 구하는 것이 아니라, 하나님의 뜻에 합당한 것을 구하는 행위입니다. 세 번째는 '죄를 고백'하는 것입니다. 하나님은 죄를 솔직하게 자백하는 것을 기뻐하시므로, 담대하게 우리의 죄를 자백해야 합니다. 네 번째는 '감사'입니다. 우리가 가진 좋은 것들은 모두 하나님께서 주신 것이므로, 감사를 통해 하나님을 높여야 합니다.

99문답 : 우리의 기도를 지도하시려고 하나님께서 우리에게 주신 법칙은 무엇입니까?
하나님의 모든 말씀이 우리의 기도를 지도하기에 유용합니다. 다만 특별한 법칙은 그리스도께서 제자들에게 가르쳐 주신 기도, 곧 일반적으로 '주님께서 가르치신 기도'라 부르는 것입니다.

기도란 아무 소원이나 구하는 것이 아니라, 하나님의 뜻에 합당한 것을 구하는 행위입니다. 하나님의 뜻은 성경에 기록되어 있습니다. 결국 성경을 잘 아는 사람이 기도도 잘 할 수 있습니다. 성경에 뿌리내리지 않은 기도는 하나님께서 듣지 않으시기 때문입니다.(잠28:9) 그런데 예수님께서 "너희는 이렇게 기도하라."라고 구체적으로 알려주신 기도의 지침이 있습니다. 보통 주기도문이라 불리는 기도문입니다. 성경 전체가 기도를 위한 지침이 될지라도 가장 중요한 지침은 주기도문입니다. 바른 기도를 위해서는 반드시 주기도문의 내용을 이해하고, 그 주제를 따라 기도해야 합니다.

100문답 : 주님께서 가르치신 기도의 머리말이 우리에게 가르치는 것은 무엇입니까? "하늘에 계신 우리 아버지"라는 기도의 머리말은, 자녀들이 아버지에게 나아가듯이 우리로 하여금 모든 거룩한 공경심과 확신을 가지고 도와줄 능력과 마음이 있는 하나님께 나아갈 것을 가르칩니다. 또한 우리가 다른 사람과 함께 기도하고 다른 사람을 위하여 기도할 것을 가르칩니다.

주기도문의 구성은 머리말과 결론과 여섯 개의 간구입니다. 주기도문의 머리말은 "하늘에 계신 우리 아버지여"입니다. 이것은 두 가지를 나타냅니다. 첫 번째는 우리의 기도를 들으시는 분이 "우리 아버지"라는 것입니다. 우리는 예수님 때문에 하나님의 양자로 입양되었습니다. 하나님은 우리의 아버지이고, 우리는 하나님의 자녀입니다. 그러므로 담대하게 자녀의 자격으로 기도할 수 있습니다. 두 번째는 우리의 기도를 들으시는 분이 "하늘에" 계시다는 것입니다. 여기서 하늘은 공간이 아니라, 다른 차원을 의미합니다. 하나님은 땅에 사는 우리와 달리 전능하시다는 의미입니다. 그러므로 하나님께서 응답하실 것을 믿고 기도할 수 있습니다. 두 가지를 종합하면 하나님은 우리의 아버지이기에 친근함을 가지고 언제든 기도할 수 있지만, 하늘에 계신 거룩한 분이기에 깊은 경외심을 가지고 기도해야 합니다.

101문답 : 첫째 간구로 우리는 무엇을 구합니까? "이름이 거룩히 여김을 받으시옵소서."라는 첫째 간구로 우리는 하나님께서 자기를 알리시는 모든 일에서 우리와 다른 사람으로 하여금 하나님을 영화롭게 하도록 하시고, 하나님께서 모든 것을 자기의 영광만을 위하여 친히 처리하여 주시기를 구합니다.

'하나님의 이름'을 거룩하게 여기는 것은 '하나님'을 거룩하게 여기는 것과 같으며, 하나님을 거룩하게 여기는 것은, 하나님을 영화롭게 하는 것과 같습니다. 그런 점에서 첫 번째 간구는 소요리문답 제1문과 맞닿아 있습니다. 첫 번째 간구의 핵심은 우리와 다른 사람들이 하나님을 영화롭게 하는 삶을 살아가게 해 달라는 것입니다. 그런데 사람의 능력만으로는 하나님의 영광이 온전히 드러나지 않습니다. 그래서 첫 번째 간구의 최종적 의미는, 하나님께서 친히 자기 영광을 위해 일해 달라는데 있습니다.

102문답 : 둘째 간구로 우리는 무엇을 구합니까? "나라이 임하옵소서."라는 둘째 간구로 우리는 사탄의 나라가 멸망하고, 은혜의 나라가 흥왕하여서 우리와 다른 사람들이 거기 들어가 지켜 주심을 받고, 영광의 나라가 속히 오게 하여 주시기를 구합니다.

여기서 "나라"는 하나님이 왕으로 통치하신다는 의미입니다. 창조의 원리에 따르면 모든 사람이 하나님의 백성이고, 모든 사람이 하나님께 복종해야 합니다. 그러나 죄로 물든 사람들은 하나님이 아니라, 자기 자신을 왕으로 삼고 살아갑니다. 이것은 사탄에게서 온 것이기에, 죄 가운데 있는 사람들은 사탄의 백성이나 마찬가지입니다. 그러므로 두 번째 간구의 핵심은 사탄의 나라가 멸망하고 하나님의 나라가 확장되는 것이며, 사탄의 종노릇 하던 사람들이 하나님의 백성으로 변화되는 것입니다. 더 나아가 하나님의 백성들이 하나님만을 왕으로 높이고, 왕이신 하나님께만 순종하게 되는 것입니다.

5. 핵심 정리

98문 : 바른 기도의 필수 요소는 '그리스도의 이름'과 '하나님의 뜻'과 '죄를 고백'하는 것과 '감사'입니다.
99문 : 바른 기도를 위한 하나님의 뜻은 주기도문에서 찾을 수 있습니다.
100문 : 주기도문의 머리말은 하나님의 아버지 되심과, 전능하심을 보여줍니다.
101문 : 주기도문의 첫 번째 간구는 우리와 다른 사람들이 하나님의 영광을 위해 살아갈 뿐만 아니라 하나님께서 친히 자신의 영광을 위해 일해 달라는 것입니다.
102문 : 주기도문의 두 번째 간구는 하나님의 나라가 확장되고, 사탄의 나라가 멸망하며, 우리가 하나님께 더욱 더 순종하게 해 달라는 것입니다.

6. 근거 구절

98문 : 기도는 그리스도의 이름으로

요 16:23-24 그날에는 너희가 아무 것도 내게 묻지 아니하리라. 내가 진실로 진실로 너희에게 이르노니 너희가 무엇이든지 아버지께 구하는 것을 내 이름으로 주시리라. [24]지금까지는 너희가 내 이름으로 아무 것도 구하지 아니하였으나 구하라. 그리하면 받으리니 너희 기쁨이 충만하리라.

우리의 소원을 하나님께 올리는 것인데,

시 10:17 여호와여 주는 겸손한 자의 소원을 들으셨으니 저희 마음을 예비하시며 귀를 기울여 들으시고.

마 7:7-8 구하라 그러면 너희에게 주실 것이요, 찾으라 그러면 찾을 것이요, 문을 두드리라 그러면 너희에게 열릴 것이니 [8]구하는 이마다 얻을 것이요 찾는 이가 찾을 것이요 두드리는 이에게 열릴 것이니라.

그분의 뜻에 맞는 것을 구하고,

마 26:39 조금 나아가사 얼굴을 땅에 대시고 엎드려 기도하여 가라사대 내 아버지여 만일 할 만하시거든 이 잔을 내게서 지나가게 하옵소서. 그러나 나의 원대로 마옵시고 아버지의 원대로 하옵소서 하시고.

요일 5:14 그를 향하여 우리의 가진 바 담대한 것이 이것이니 그의 뜻대로 무엇을 구하면 들으심이라.

우리의 죄를 고백하고

시 32:5-6 내가 이르기를 내 허물을 여호와께 자복하리라 하고 주께 내 죄를 아뢰고 내 죄악을 숨기지 아니하였더니 곧 주께서 내 죄의 악을 사하셨나이다. [6]이로 인하여 무릇 경건한 자는 주를 만날 기회를 타서 주께 기도할지라. 진실로 홍수가 범람할지라도 저에게 미치지 못하리이다.

요일 1:9 만일 우리가 우리 죄를 자백하면 저는 미쁘시고 의로우사 우리 죄를 사하시며 모든 불의에서 우리를 깨끗게 하실 것이요.

그분의 자비하심을 깨달아서 감사하는 것입니다.
빌 4:6 아무것도 염려하지 말고 오직 모든 일에 기도와 간구로 너희 구할 것을 감사함으로 하나님께 아뢰라.

99문 : 하나님의 모든 말씀이 우리의 기도를 지도하기에 유용합니다.
잠 28:9 사람이 귀를 돌이키고 율법을 듣지 아니하면 그의 기도도 가증하니라.
요 15:7 너희가 내 안에 거하고 내 말이 너희 안에 거하면 무엇이든지 원하는 대로 구하라 그리하면 이루리라.

다만 특별한 법칙은 그리스도께서 제자들에게 가르쳐 주신 기도, 곧 일반적으로 '주님께서 가르치신 기도'라 부르는 것입니다.
마 6:9-13 그러므로 너희는 이렇게 기도하라. 하늘에 계신 우리 아버지여 이름이 거룩히 여김을 받으시오며 [10]나라이 임하옵시며 뜻이 하늘에서 이룬 것같이 땅에서도 이루어지이다. [11]오늘날 우리에게 일용할 양식을 주옵시고 [12]우리가 우리에게 죄지은 자를 사하여 준 것같이 우리 죄를 사하여 주옵시고 [13]우리를 시험에 들게 하지 마옵시고 다만 악에서 구하옵소서. (나라와 권세와 영광이 아버지께 영원히 있사옵나이다. 아멘)

100문 : "하늘에 계신 우리 아버지"라는 기도의 머리말은, 자녀들이 아버지에게 나아가듯이
마 7:9-11 너희 중에 누가 아들이 떡을 달라 하면 돌을 주며 [10]생선을 달라 하면 뱀을 줄 사람이 있겠느냐? [11]너희가 악한 자라도 좋은 것으로 자식에게 줄 줄 알거든 하물며 하늘에 계신 너희 아버지께서 구하는 자에게 좋은 것으로 주시지 않겠느냐?

롬 8:15 너희는 다시 무서워하는 종의 영을 받지 아니하였고 양자(養子)의 영을 받았으므로 아바 아버지라 부르짖느니라.

우리로 하여금 모든 거룩한 공경심과 확신을 가지고
엡 3:20 우리 가운데서 역사(役事)하시는 능력대로 우리의 온갖 구하는 것이나 생각하는 것에 더 넘치도록 능히 하실 이에게.

도와줄 능력과 마음이 있는 하나님께 나아갈 것을 가르칩니다.
사 57:15 지존무상하며 영원히 거하며 거룩하다 이름 하는 자가 이같이 말씀하시되 내가 높고 거룩한 곳에 거하며 또한 통회하고 마음이 겸손한 자와 함께 거하나니 이는 겸손한 자의 영을 소성케 하며 통회하는 자의 영을 소성케 하려 함이라.
시 95:6 오라 우리가 굽혀 경배하며 우리를 지으신 여호와 앞에 무릎을 꿇자.

또한 우리가 다른 사람과 함께 기도하고 다른 사람을 위하여 기도할 것을 가르칩니다.
행 12:5 이에 베드로는 옥에 갇혔고 교회는 그를 위하여 간절히 하나님께 빌더라.
엡 6:18 모든 기도와 간구로 하되 무시로 성령 안에서 기도하고 이를 위하여 깨어 구하기를 항상 힘쓰며 여러 성도를 위하여 구하고.

101문 : "이름이 거룩히 여김을 받으시옵소서."라는 첫째 간구로 우리는 하나님께서 자기를 알리시는 모든 일에서 우리와 다른 사람으로 하여금 하나님을 영화롭게 하도록 하시고,

시 67:1-3 하나님은 우리를 긍휼히 여기사 복을 주시고 그 얼굴빛으로 우리에게 비취사(셀라) ²주의 도를 땅 위에, 주의 구원을 만방 중에 알리소

서. ³하나님이여 민족들로 주를 찬송케 하시며 모든 민족으로 주를 찬송케 하소서.

시 100:3-4 여호와가 우리 하나님이신 줄 너희는 알지어다. 그는 우리를 지으신 자시요 우리는 그의 것이니 그의 백성이요 그의 기르시는 양이로다. ⁴감사함으로 그 문에 들어가며 찬송함으로 그 궁정에 들어가서 그에게 감사하며 그 이름을 송축할지어다.

하나님께서 모든 것을 자기의 영광만을 위하여 친히 처리하여 주시기를 구합니다.

계 4:11 우리 주 하나님이여 영광과 존귀와 능력을 받으시는 것이 합당하오니 주께서 만물을 지으신지라 만물이 주의 뜻대로 있었고 또 지으심을 받았나이다 하더라.

102문 : "나라이 임하옵소서."라는 둘째 간구로 우리는 사탄의 나라가 멸망하고,

시 68:1, 18 하나님은 일어나사 원수를 흩으시며 주를 미워하는 자로 주의 앞에서 도망하게 하소서. ¹⁸주께서 높은 곳으로 오르시며 사로잡은 자를 끌고 선물을 인간에게서 또는 패역자 중에서 받으시니 여호와 하나님이 저희와 함께 거하려 하심이로다.

롬 16:20 평강의 하나님께서 속히 사단을 너희 발아래서 상하게 하시리라. 우리 주 예수의 은혜가 너희에게 있을지어다.

요일 3:8 죄를 짓는 자는 마귀에게 속하나니 마귀는 처음부터 범죄함이니라. 하나님의 아들이 나타나신 것은 마귀의 일을 멸하려 하심이니라.

은혜의 나라가 흥왕하여서

시 72:8-11 저가 바다에서부터 바다까지와 강에서부터 땅끝까지 다스리리니 ⁹광야에 거하는 자는 저의 앞에 굽히며 그 원수들은 티끌을 핥을 것이며 ¹⁰다시스와 섬의 왕들이 공세를 바치며 스바와 시바 왕들이 예물을 드리리로다. ¹¹만왕이 그 앞에 부복하며 열방이 다 그를 섬기리로다.

마 24:14 이 천국 복음이 모든 민족에게 증거되기 위하여 온 세상에 전파되리니 그제야 끝이 오리라.

우리와 다른 사람들이 거기 들어가 지켜 주심을 받고,
살후 3:1-5 종말로 형제들아 너희는 우리를 위하여 기도하기를 주의 말씀이 너희 가운데서와 같이 달음질하여 영광스럽게 되고 ²또한 우리를 무리하고 악한 사람들에게서 건지옵소서 하라. 믿음은 모든 사람의 것이 아님이라. ³주는 미쁘사 너희를 굳게 하시고 악한 자에게서 지키시리라. ⁴너희에게 대하여는 우리의 명한 것을 너희가 행하고 또 행할 줄을 우리가 주 안에서 확신하노니 ⁵주께서 너희 마음을 인도하여 하나님의 사랑과 그리스도의 인내에 들어가게 하시기를 원하노라.

영광의 나라가 속히 오게 하여 주시기를 구합니다.
계 22:20 이것들을 증거 하신 이가 가라사대 내가 진실로 속히 오리라 하시거늘 아멘. 주 예수여 오시옵소서.

16주차

제103-107문 주기도문(2)

1. 서론

주기도문의 간구는 크게 두 부분으로 나눌 수 있습니다. 처음 세 간구는 하나님의 영광을 구하는 기도이고, 이어지는 세 간구는 이웃의 유익을 구하는 기도입니다. 여기서는 네 개의 간구와 결론의 의미에 대해 알아보겠습니다.

2. 구조

외적인 은혜의 방편(88–107문)	말씀(89–90문)		
	성례: 세례와 성찬(91–97문)		
	기도: 주기도문 (98–107문)	주기도문의 서문(100문)	
		하나님의 영광을 구하는 기도	1. 하나님의 이름(101문)
			2. 하나님의 나라(102문)
			3. 하나님의 뜻(103문)
		우리의 필요를 구하는 기도	4. 우리의 일용할 양식(104문)
			5. 우리의 죄에 대한 용서(105문)
			6. 우리의 정결한 삶(106문)
		주기도문의 결론(107문)	

3. 소요리문답

103문 : 셋째 간구로 우리는 무엇을 구합니까?

답 : "뜻이 하늘에서 이룬 것같이 땅에서도 이루어지이다."라는 셋째 간구로 우리는 하나님께서 은혜를 베풀어 주셔서 우리로 하여금 기쁜 마음으로, 하늘에서 천사들이 하듯이, 모든 일에서 주님의 뜻을 알고 순종하고 열복(悅服)하게 하여 주시기를 구합니다.

104문 : 넷째 간구로 우리는 무엇을 구합니까?

답 : "오늘날 우리에게 일용할 양식을 주옵소서."라는 넷째 간구로 우리는 이생의 좋은 것들 가운데서 충분한 분깃을 하나님의 값없이 주시는 선물로 받고, 그와 아울러 하나님의 복 주심 누리기를 구합니다.

105문 : 다섯째 간구로 우리는 무엇을 구합니까?

답 : "우리가 우리에게 죄지은 자를 사하여 준 것같이 우리의 죄를 사하여 주옵소서."라는 다섯째 간구로 우리는 하나님께서 그리스도를 보시고 우리의 모든 죄를 값없이 용서하여 주시기를 구합니다. 주님의 은혜로 말미암아 우리가 다른 사람들을 진심으로 용서할 수 있기 때문에 더욱 담대히 그렇게 구할 수 있습니다.

106문 : 여섯째 간구로 우리는 무엇을 구합니까?

답 : "우리를 시험에 들지 말게 하옵시며 다만 악에서 구하옵소서."라는 여섯째 간구로 우리는 하나님께서 우리를 지켜 주셔서 우리가 죄에 이르는 시험을 당하지 않게 하시고, 시험을 당할 때에는 우리를 붙드시고 구원하여 주시기를 구합니다.

107문 : 주님께서 가르치신 기도의 맺음말은 우리에게 무엇을 가르칩니까?

답 : "대개 나라와 권세와 영광이 아버지께 영원히 있사옵나이다. 아멘."이라는 주님께서 가르치신 기도의 맺음말은 우리로 하여금 기도할 담력을 오직 하나님께로부터 얻고, 나라와 권세와 영광을 하나님께 돌림으로써 기도할 때에 하나님을 찬송할 것을 가르칩니다. 우리의 기도를 들어주시리라는 소원과 확신의 표시로 우리는 "아멘"이라고 합니다.

4. 핵심 해설

103문답 : 셋째 간구로 우리는 무엇을 구합니까? "뜻이 하늘에서 이룬 것같이 땅에서도 이루어지이다."라는 셋째 간구로 우리는 하나님께서 은혜를 베풀어 주셔서 우리로 하여금 기꺼운 마음으로, 하늘에서 천사들이 하듯이, 모든 일에서 주님의 뜻을 알고 순종하고 열복(悅服)하게 하여 주시기를 구합니다.

여기서 "뜻"은 하나님의 뜻을 의미하고, "하늘"은 하나님과 천사들이 거하는 곳을 의미합니다. 성경은 하늘에 계신 하나님과 천사들에 대해 이렇게 말합니다. "능력이 있어 여호와의 말씀을 행하며 그의 말씀의 소리를 듣는 여호와의 천사들이여 여호와를 송축하라 그에게 수종들며 그의 뜻을 행하는 모든 천군이여 여호와를 송축하라.(시103:20-21)" 하늘의 천사들은 여호와의 말씀에 한 점 부족함 없이 순종합니다. 이것이 하늘에서 이루어진 하나님의 뜻입니다. 땅도 하늘처럼 되게 해달라는 기도는, 하늘에서 천사들이 하나님의 뜻에 온전히 복종하는 것처럼, 우리도 하나님의 뜻에 완전히 복종하며 살 수 있기를 기도하라는 것입니다.

104문답 : 넷째 간구로 우리는 무엇을 구합니까? "오늘날 우리에게 일용할 양식을 주옵소서."라는 넷째 간구로 우리는 이생의 좋은 것들 가운데서 충분한 분깃을 하나님의 값없이 주시는 선물로 받고, 그와 아울러 하나님의 복 주심 누리기를 구합니다.

네 번째 간구에서 말하는 "양식"은 우리의 생존을 위해 반드시 필요한 것들을 의미합니다. 우리는 하나님의 자녀이기 때문에, 생존에 필요한 것들을 간구할 수 있는 자격이 있습니다. 그런데 특이하게도 그냥 '양식'이 아니라 '일용할 양식'입니다. 대부분의 사람들은 일용할 양식이 아니라, 평생 먹을 양식을 원하는데 말입니다. 그 이유는 다음과 같습니다. 만약 평생 먹고 남을 양식이 있다면, 우리는 더 이상 기도하지 않을 가능성이 큽니다. 반대로 하루 먹을 양식 밖에 없다면, 매일 매일 하나님께 기도하게 될 것입니다. 바로 이것이 주님께서 하루 먹을 양식을 기도하라고 하신 이유입니다. 하나님은 우리가 부족함 없이 사는 것보다, 매순간 하나님만 의지하며 살기를 원하십니다.

105문답 : 다섯째 간구로 우리는 무엇을 구합니까? "우리가 우리에게 죄지은 자를 사하여 준 것같이 우리의 죄를 사하여 주옵소서."라는 다섯째 간구로 우리는 하나님께서 그리스도를 보시고 우리의 모든 죄를 값없이 용서하여 주시기를 구합니다. 주님의 은혜로 말미암아 우리가 다른 사람들을 진심으로 용서할 수 있기 때문에 더욱 담대히 그렇게 구할 수 있습니다.

우리의 죄 용서에 관한 기도입니다. 하나님께 죄 용서를 구하는 것은, 우리의 본성과 상반되는 일입니다. 아담의 사례를 보면 알 수 있습니다. 아담이 선악과를 따 먹은 이후 가장 먼저 취한 행동은 하나님을 떠나 숨는 일이었습니다. 타락한 사람에게는 죄를 지었을 때 하나님에게서 도망가려 하는 악한 본성이 있기 때문입니다. 하지만 예수님은 죄를 지었을지라도 하나님에게서 도망가지 말라고 말씀하십니다. 하나님께 더욱 가까이 나와서, 죄 용서를 위해 열심히 간구하라고 말씀하십니다. 우리는 매일 매순간 죄를 짓습니다. 그때마다 우리에게는 하나님 앞에서 부끄러운 마음과, 계속해서 죄를 짓는 자기 자신이 미워지는 마음이 생깁니다. 그렇다고 해서 하나님에게서 떠나거나 숨으려고 해서는 안 됩니다. 하나님께서 원하시는 것은 우리가 도망가거나 숨는 것이 아니라, "제가 이런 죄를 지었습니다."라고 정직하게 자백하는 것입니다.

106문답 : 여섯째 간구로 우리는 무엇을 구합니까? "우리를 시험에 들지 말게 하옵시며 다만 악에서 구하옵소서."라는 여섯째 간구로 우리는 하나님께서 우리를 지켜 주셔서 우리가 죄에 이르는 시험을 당하지 않게 하시고, 시험을 당할 때에는 우리를 붙드시고 구원하여 주시기를 구합니다.

이 간구의 중요성은 선악과 사건을 보면 잘 알 수 있습니다. 아담과 하와가 선악과를 따먹었던 결정적 요인은 사단의 시험입니다. 사단은 원래 천사 중 하나였으나, 하나님께 죄를 지어 하늘에서 쫓겨났고, 지금은 하나님께 대적하고 사람들을 시험하는 것을 자신의 사명으로 삼고 있는 존재입니다. 타락하기 전의 아담과 하와는 그 누구보다도 지혜롭고, 의로운 사람이었습니다. 그럼에도 사탄은 그들이 죄를 짓도록 시험했습니다. 그렇다면 사탄이 지금 우리를 시험하는 것은 어떨까요? 식은 죽 먹기처럼 쉬운 일일 것입니다. 그렇다고 두려워할 필요는 없습니다. 우리에겐 하나님의 선물인 기도가 있습니다. 사단과 싸워 이길 수 있기를 기도한다면, 하나님께서 우리를 지켜주실 것입니다.

107문답 : 주님께서 가르치신 기도의 맺음말은 우리에게 무엇을 가르칩니까? "대개 나라와 권세와 영광이 아버지께 영원히 있사옵나이다. 아멘."이라는 주님께서 가르치신 기도의 맺음말은 우리로 하여금 기도할 담력을 오직 하나님께로부터 얻고, 나라와 권세와 영광을 하나님께 돌림으로써 기도할 때에 하나님을 찬송할 것을 가르칩니다. 우리의 기도를 들어주시리라는 소원과 확신의 표시로 우리는 "아멘"이라고 합니다.

주님께서 하나님의 능력을 찬양하며 기도를 마무리하셨습니다. 하나님께서 기도에 응답하실 것을 확신하셨기 때문입니다. "나라"가 하나님께 있다는 것은 하나님께서 자기 뜻대로 세상 모든 나라를 다스린다는 뜻입니다. "권세"가 하나님께 있다는 것은 하나님께서 하고자 하는 일을 그 누구도 방해할 수 없다는 뜻입니다. "영광"이 하나님께 있다는 것은 우리 기도에 응답하심으로서 영광 받아 달라는 뜻입니다. 이와 같이 주기도문의 결론은 우리가 주님의 뜻을 따라 기도할 때 하나님께서 반드시 응답하신다는 것과 그럴만한 능력이 하나님께 있음을 보여줍니다. 우리는 그러한 확신을 담아 "아멘"으로 기도를 마무리합니다. "아멘"이란, "반드시 그리 될 줄 믿습니다."라는 뜻으로서, 결론의 내용을 요약하는 단어입니다.

5. 핵심 정리

103문 : 주기도문의 세 번째 간구는 우리가 하나님의 뜻에 완전히 복종하며 살게 해 달라는 것입니다.
104문 : 주기도문의 네 번째 간구는 우리에게 꼭 필요한 것들을 매일매일 채워달라는 것입니다.
105문 : 주기도문의 다섯 번째 간구는 우리의 죄를 용서해 달라는 것입니다. 사단의 유혹을 이길 수 있는 힘을 달라는 것입니다.
106문 : 주기도문의 여섯 번째 간구는 사단의 유혹을 이길 수 있는 힘을 달라는 것입니다.
107문 : 주기도문의 결론은 우리의 기도를 들어주실 능력이 하나님께 있다는 찬양입니다.

6. 근거 구절

103문 : "뜻이 하늘에서 이룬 것같이 땅에서도 이루어지이다."라는 셋째 간구로 우리는 하나님께서 은혜를 베풀어 주셔서 우리로 하여금 기꺼운 마음으로, 하늘에서 천사들이 하듯이,

시 103:20-21 능력이 있어 여호와의 말씀을 이루며 그 말씀의 소리를 듣는 너희 천사여 여호와를 송축하라. ²¹여호와를 봉사하여 그 뜻을 행하는 너희 모든 천군이여 여호와를 송축하라.

모든 일에서 주님의 뜻을 알고 순종하고 열복(悅服)하게 하여 주시기를 구합니다.
마 26:39 조금 나아가사 얼굴을 땅에 대시고 엎드려 기도하여 가라사대 내 아버지여 만일 할 만하시거든 이 잔을 내게서 지나가게 하옵소서 그러나 나의 원대로 마옵시고 아버지의 원대로 하옵소서 하시고.

104문 : "오늘날 우리에게 일용할 양식을 주옵소서."라는 넷째 간구로 우리는 이생의 좋은 것들 가운데서 충분한 분깃을 하나님의 값없이 주시는 선물로 받고, 그와 아울러 하나님의 복 주심 누리기를 구합니다.

창 28:20 야곱이 서원하여 가로되 하나님이 나와 함께 계시사 내가 가는 이 길에서 나를 지키시고 먹을 양식과 입을 옷을 주사.

잠 30:8-9 곧 허탄과 거짓말을 내게서 멀리하옵시며 나로 가난하게도 마옵시고 부하게도 마옵시고 오직 필요한 양식으로 내게 먹이시옵소서. 9혹 내가 배불러서 하나님을 모른다 여호와가 누구냐 할까 하오며 혹 내가 가난하여 도적질하고 내 하나님의 이름을 욕되게 할까 두려워함이니이다.

딤전 6:6-10 그러나 지족하는 마음이 있으면 경건이 큰 이익이 되느니라. 7우리가 세상에 아무 것도 가지고 온 것이 없으매 또한 아무것도 가지고 가지 못하리니 8우리가 먹을 것과 입을 것이 있은즉 족한 줄로 알 것이니라. 9부하려 하는 자들은 시험과 올무와 여러 가지 어리석고 해로운 정욕에 떨어지나니 곧 사람으로 침륜과 멸망에 빠지게 하는 것이라. 10돈을 사랑함이 일만 악의 뿌리가 되나니 이것을 사모하는 자들이 미혹을 받아 믿음에서 떠나 많은 근심으로써 자기를 찔렀도다.

105문 : "우리가 우리에게 죄지은 자를 사하여 준 것같이 우리의 죄를 사하여 주옵소서."라는 다섯째 간구로 우리는 하나님께서 그리스도를 보시고 우리의 모든 죄를 값없이 용서하여 주시기를 구합니다.

시 51:1-2, 7, 9 하나님이여 주의 인자를 좇아 나를 긍휼히 여기시며 주의 많은 자비를 좇아 내 죄과를 도말(塗抹)하소서. 2나의 죄악을 말갛게 씻기시며 나의 죄를 깨끗이 제하소서. 7우슬초로 나를 정결케 하소서. 내가 정하리이다. 나를 씻기소서. 내가 눈보다 희리이다. 9주의 얼굴을 내 죄에서 돌이키시고 내 모든 죄악을 도말하소서.

주님의 은혜로 말미암아 우리가 다른 사람들을 진심으로 용서할 수 있기 때문에 더욱 담대히 그렇게 구할 수 있습니다.

마 6:14-15 너희가 사람의 과실을 용서하면 너희 천부께서도 너희 과실을 용서하시려니와 ¹⁵너희가 사람의 과실을 용서하지 아니하면 너희 아버지께서도 너희 과실을 용서하지 아니하시리라.

엡 4:32 서로 인자하게 하며 불쌍히 여기며 서로 용서하기를 하나님이 그리스도 안에서 너희를 용서하심과 같이 하라.

106문 : "우리를 시험에 들지 말게 하옵시며 다만 악에서 구하옵소서."라는 여섯째 간구로 우리는 하나님께서 우리를 지켜 주셔서 우리가 죄에 이르는 시험을 당하지 않게 하시고,

시 19:13 또 주의 종으로 고범죄를 짓지 말게 하사 그 죄가 나를 주장치 못하게 하소서. 그리하시면 내가 정직하여 큰 죄과에서 벗어나겠나이다.

마 26:41 시험에 들지 않게 깨어 있어 기도하라. 마음에는 원이로되 육신이 약하도다.

요 17:15 내가 비옵는 것은 저희를 세상에서 데려가시기를 위함이 아니요 오직 악에 빠지지 않게 보전하시기를 위함이니이다.

시험을 당할 때에는 우리를 붙드시고 구원하여 주시기를 구합니다.

눅 22:31-32 시몬아 시몬아 보라 사단이 밀 까부르듯 하려고 너희를 청구하였으나 ³²그러나 내가 너를 위하여 네 믿음이 떨어지지 않기를 기도하였노니 너는 돌이킨 후에 네 형제를 굳게 하라.

고전 10:13 사람이 감당할 시험밖에는 너희에게 당한 것이 없나니 오직 하나님은 미쁘사 너희가 감당치 못할 시험 당함을 허락지 아니하시고 시험당할 즈음에 또한 피할 길을 내사 너희로 능히 감당하게 하시느니라.

107문 : "대개 나라와 권세와 영광이 아버지께 영원히 있사옵나이다. 아멘."이라는 주님께서 가르치신 기도의 맺음말은 우리로 하여금 기도할 담력을 오직 하나님께로부터 얻고,

눅 18:1, 7-8 항상 기도하고 낙망치 말아야 될 것을 저희에게 비유로 하여 7하물며 하나님께서 그 밤낮 부르짖는 택하신 자들의 원한을 풀어 주지 아니하시겠느냐? 저희에게 오래 참으시겠느냐? 8내가 너희에게 이르노니 속히 그 원한을 풀어 주시리라. 그러나 인자가 올 때에 세상에서 믿음을 보겠느냐 하시니라.

나라와 권세와 영광을 하나님께 돌림으로써 기도할 때에 하나님을 찬송할 것을 가르칩니다.

대상 29:10-13 다윗이 온 회중 앞에서 여호와를 송축하여 가로되 우리 조상 이스라엘의 하나님 여호와여 주는 영원히 송축을 받으시옵소서. 11여호와여 광대하심과 권능과 영광과 이김과 위엄이 다 주께 속하였사오니 천지에 있는 것이 다 주의 것이로소이다. 여호와여 주권도 주께 속하였사오니 주는 높으사 만유의 머리심이니이다. 12부와 귀가 주께로 말미암고 또 주는 만유의 주재가 되사 손에 권세와 능력이 있사오니 모든 자를 크게 하심과 강하게 하심이 주의 손에 있나이다. 13우리 하나님이여 이제 우리가 주께 감사하오며 주의 영화로운 이름을 찬양하나이다.

딤전 1:17 만세의 왕 곧 썩지 아니하고 보이지 아니하고 홀로 하나이신 하나님께 존귀와 영광이 세세토록 있을지이다. 아멘.

우리의 기도를 들어주시리라는 소원과 확신의 표시로 부리는 "아멘"이라고 합니다.

계 22:20 이것들을 증거하신 이가 가라사대 내가 진실로 속히 오리라 하시거늘 아멘. 주 예수여 오시옵소서.